# Agile y Scrum

*Descubra el poder de la gestión de proyectos Agile, Lean Thinking, el proceso Kanban y Scrum*

© Copyright 2020

Todos los derechos reservados. Ninguna parte de este libro puede ser reproducida de ninguna forma sin el permiso escrito del autor. Los revisores pueden citar breves pasajes en las reseñas.

Descargo de responsabilidad: Ninguna parte de esta publicación puede ser reproducida o transmitida de ninguna forma o por ningún medio, mecánico o electrónico, incluyendo fotocopias o grabaciones, o por ningún sistema de almacenamiento y recuperación de información, o transmitida por correo electrónico sin permiso escrito del editor.

Si bien se ha hecho todo lo posible por verificar la información proporcionada en esta publicación, ni el autor ni el editor asumen responsabilidad alguna por los errores, omisiones o interpretaciones contrarias al tema aquí tratado.

Este libro es solo para fines de entretenimiento. Las opiniones expresadas son únicamente las del autor y no deben tomarse como instrucciones u órdenes de expertos. El lector es responsable de sus propias acciones.

La adhesión a todas las leyes y regulaciones aplicables, incluyendo las leyes internacionales, federales, estatales y locales que rigen la concesión de licencias profesionales, las prácticas comerciales, la publicidad y todos los demás aspectos de la realización de negocios en los EE. UU., Canadá, Reino Unido o cualquier otra jurisdicción es responsabilidad exclusiva del comprador o del lector.

Ni el autor ni el editor asumen responsabilidad alguna en nombre del comprador o lector de estos materiales. Cualquier desaire percibido de cualquier individuo u organización es puramente involuntario.

# Tabla de contenidos

**PRIMERA PARTE: EL MÉTODO AGILE** ....................................................... 1
**INTRODUCCIÓN** ............................................................................................ 2
**CAPÍTULO 1: INTRODUCCIÓN A LA GESTIÓN DE PROYECTOS** ....... 6
   1.1 Historia de la Gestión de Proyectos ..................................................... 8
**CAPÍTULO 2: GESTIÓN DE PROYECTOS AGILE** ................................... 14
   2.1 Qué es El Manifiesto ............................................................................ 18
   2.2 ¿Es Agile solo para el desarrollo de software? ..................................... 20
   2.3 Valores fundamentales y Principios de Agile ...................................... 21
   2.4 ¿De Qué se Compone un Equipo Agile? .............................................. 33
   2.5 Roles de un Equipo Agile ..................................................................... 39
   2.6 ¿Cuál Es el Objetivo General de Agile? ............................................... 44
   2.7 ¿En Qué Se Diferencia Agile de Otras Metodologías? ........................ 48
**CAPÍTULO 3: GESTIÓN DE PROYECTOS SCRUM** ................................ 56
   3.1 Scrum vs. Agile ..................................................................................... 58
   3.2 Roles Scrum .......................................................................................... 60
   3.3 Ceremonias Scrum ................................................................................ 64
   3.4 Artefactos Scrum .................................................................................. 73
   3.5 Un Ejemplo de Scrum ........................................................................... 77
**CAPÍTULO 4: EL MÉTODO KANBAN** ...................................................... 82

 4.1 Kanban y Agile ................................................................. 83

 4.2 Los Orígenes de Kanban ................................................ 85

 4.3 Principios y Filosofía Kanban ....................................... 86

 4.4 Objetivo de Kanban ....................................................... 88

 4.5 Implementación de Kanban .......................................... 90

**CHAPTER 5: LEAN THINKING** ............................................. 95

 5.1 Principios Lean ............................................................... 98

 5.2 Los Ocho Desperdicios de Lean .................................. 101

 5.3 Gestión Lean ................................................................ 106

 5.4 Lean y Agile ................................................................. 107

**CONCLUSIÓN** ........................................................................ 110

**SEGUNDA PARTE: SCRUM** ................................................ 113

**INTRODUCCIÓN** .................................................................. 114

**CAPÍTULO 1: GESTIÓN DEL PROYECTO: PASADO Y PRESENTE** ............................................................................... 118

 Los Orígenes de las Metodologías Ágiles ......................... 118

 Los Conceptos Ágiles Clave ............................................... 123

 Scrum: Cómo empezó todo ................................................ 126

**CAPÍTULO 2: SCRUM: ¿QUÉ ES? Y ¿POR QUÉ LO NECESITAS?** ..... 130

 Lo Básico ............................................................................. 131

 ¿Qué es Scrum? ................................................................... 137

 ¿Es Necesario el Scrum? ..................................................... 141

**CAPÍTULO 3: ROLES Y RESPONSABILIDADES DEL SCRUM** .......... 144

 Propietario del Producto .................................................... 145

 Scrum Master ...................................................................... 149

 Equipo de Desarrollo ......................................................... 156

**CAPÍTULO 4: EQUIPOS DE SCRUM: REUNIENDO A SU EQUIPO DE ESTRELLAS** ...................................................... 164

**CAPÍTULO 5: ARTEFACTOS DE SCRUM** ........................ 174

 Product Backlog .................................................................. 175

 Sprint Backlog ..................................................................... 182

**CAPÍTULO 6: CEREMONIAS DE SCRUM, REUNIONES Y AGENDAS** .................................................................. 187
  La Reunión de Planificación del Sprint: Ejecución ........................ 188
  Reunión de Pie: Ejecución ........................................................ 194
  Revisión de Sprint y Retrospectiva de Sprint ................................ 197

**CAPÍTULO 7: DETALLANDO UN PROYECTO SCRUM** ...................... 200
  Sprint Zero y Visión del Producto ................................................ 200
  El Product Backlog Inicial ......................................................... 204
  Historias de Usuario ................................................................. 206
  Diseño del Plan de Lanzamiento ................................................. 210

**CAPÍTULO 8: ENTENDIENDO LAS MÉTRICAS DE SCRUM** ............ 213
  Gráficos Burndown y Burn-up ................................................... 215

**CAPÍTULO 9: CÓMO DESTACAR Y ERRORES COMUNES** ............... 221

**CAPÍTULO 10: HERRAMIENTAS DE SCRUM PARA LA GESTIÓN DEL FLUJO DE TRABAJO** ................................................ 224

**CONCLUSIÓN** .................................................................................. 228

# Primera Parte: El Método Agile

*Lo que Necesita Saber Sobre Gestión de Proyectos Agile, el Proceso Kanban, Pensamiento Lean, y Scrum*

# Introducción

La gestión de proyectos es la práctica de guiar los proyectos de principio a fin mientras se logran con éxito los objetivos del proyecto. La evidencia histórica sugiere que la gestión de proyectos existe desde hace siglos. La gestión de proyectos se limitó a proyectos grandes y complejos durante mucho tiempo hasta que las empresas se dieron cuenta de la necesidad de proyectos más pequeños y simples.

Se han desarrollado diferentes herramientas, metodologías y marcos de gestión de proyectos para ayudar a las empresas y equipos a desarrollar productos y servicios con éxito. Sin embargo, cada metodología, herramienta y marco tiene sus pros y sus contras. Las metodologías tradicionales de gestión de proyectos que se practicaron hasta el siglo XXI eran en gran medida lineales y secuenciales.

Las limitaciones de estas metodologías tradicionales de gestión de proyectos a menudo provocaban que los proyectos se retrasasen y costaran más de lo estimado. Había una demanda creciente de una nueva metodología de gestión de proyectos en la industria del desarrollo de software para ayudar a los equipos a entregar proyectos a tiempo mientras se ajustaban a los requisitos cambiantes de los clientes en lugar de evitarlos.

En febrero de 2001, diecisiete profesionales y expertos en desarrollo de software se reunieron en una estación de esquí en Utah. El grupo pasaría a ser conocido como La Alianza Agile. El resultado de la reunión fue la presentación del Manifiesto Agile. Esto introdujo cuatro valores y doce principios que describían una nueva metodología de gestión de proyectos destinada a resolver los desafíos que enfrentaba la industria del desarrollo de software en ese momento.

Muchas empresas de desarrollo de software adoptaron los valores fundamentales y los principios rectores. Los equipos más pequeños que trabajan en ciclos de desarrollo más cortos, al recibir regularmente comentarios de los clientes, permitieron que los proyectos estuviesen más abiertos al cambio en lugar de evitarlo. Los equipos autoorganizados y multifuncionales facilitaron la gestión de proyectos, mientras que los miembros del equipo experimentaron un aumento de productividad.

La industria del desarrollo de software adoptó Agile, y no pasó mucho tiempo antes de que otras industrias comenzaran a experimentar con los valores y principios de Agile. Aunque Agile estaba destinado a desarrollos de software, sus valores y principios se podían aplicar a cualquier entorno de equipo independientemente de la industria o el tipo de producto o servicio que estaban desarrollando. Como resultado, la metodología Agile se utiliza cada vez más en muchas industrias diferentes con gran éxito.

Scrum entra dentro del marco Agile y permite a las empresas adoptar la forma de pensar Agile sin invertir en experiencia y conocimientos previos en prácticas Agile. Si bien Agile no proporciona pasos para implementarlo, el marco Scrum proporciona pasos claros sobre cómo adoptar las prácticas Scrum, lo que facilita que los equipos adopten Agile.

El marco Scrum define los roles, las ceremonias y los artefactos que facilitan su adopción. A los roles específicos se les asignan varias responsabilidades, mientras que las ceremonias Scrum aseguran que se logren los principios Agile de las interacciones cara a cara, proporcionando a los clientes versiones incrementales del producto, y mejorando continuamente como equipo. Los artefactos Scrum proporcionan la documentación necesaria que necesitan los equipos; sin embargo, la metodología Agile no se centra demasiado en la documentación en comparación con los enfoques tradicionales de gestión de proyectos.

El Método Kanban tiene reglas que se remontan a las fábricas de Toyota en Japón, donde ayudó a Toyota a lograr altos niveles de productividad mientras reducía los costes relacionados con el mantenimiento de inventario adicional. El método Kanban se centra en limitar el *trabajo en curso* alentando a los equipos a terminar aquello en lo que están trabajando antes de comprometerse con nuevo trabajo. También se anima a los equipos a mejorar gradualmente, haciendo que Kanban sea muy similar a la forma de pensar Agile.

El Pensamiento Lean es otra filosofía que tiene muchas similitudes con la metodología Agile. Se centra en ayudar a los procesos a aumentar la productividad y la rentabilidad mediante la reducción y eliminación de desperdicios. El Pensamiento Lean describe cinco principios que pueden usarse para reducir y eliminar ocho desperdicios, lo que resulta en el mejor uso posible de los recursos. La Metodología Lean ha demostrado su eficacia en varios sectores y rápidamente se ha hecho popular entre muchas empresas modernas.

Agile es una metodología innovadora que permitió a los equipos abordar el desarrollo de productos de una manera completamente diferente. Fue capaz de resolver muchos problemas a los que se enfrentaba el mundo del desarrollo de software en ese momento y resultó útil en muchos otros sectores más adelante. Los marcos y métodos como Scrum, Kanban y Lean comparten muchas similitudes con los valores y principios Agile, pero no son lo mismo. Las prácticas Agile, Scrum, Kanban y Lean se pueden aplicar a diferentes entornos de equipo según los proyectos, los tipos de equipos y las expectativas para lograr los objetivos del proyecto con éxito.

# Capítulo 1: Introducción a la Gestión de Proyectos

La gestión de proyectos se compone de objetivos con determinados plazos asignados a un equipo específico e incluye el inicio, la planificación, la ejecución, el control y el cierre del proyecto. Equipos de todo el mundo y de diferentes sectores utilizan la gestión de proyectos para lograr objetivos con limitaciones de tiempo y criterios de éxito predefinidos. Estas limitaciones de tiempo y criterios de éxito generalmente se definen antes del comienzo de un proyecto en particular.

El alcance, la calidad, el tiempo y el presupuesto son las limitaciones principales o clave de la gestión de proyectos. En otras palabras, el éxito de un proyecto se mide en gran medida por lo bien que se alinea con el alcance, calidad, tiempo y presupuesto previstos o planificados. Estas limitaciones incluyen los requisitos y expectativas del cliente y los de la empresa u organización a la que pertenece el equipo del proyecto.

Los requisitos y expectativas del cliente generalmente se recopilan y documentan antes de que comience un proyecto. Una comprensión clara de esas expectativas y requisitos permite a las partes interesadas del proyecto formar el equipo del proyecto que creará el producto final para cumplir con los requisitos y expectativas predefinidos del cliente. Por lo tanto, la recopilación y el análisis adecuados de los requisitos y expectativas del cliente juegan un papel clave para determinar el éxito de un proyecto.

Un proyecto es una misión temporal que se aplica para lograr un conjunto de objetivos durante un período específico. Por tanto, un proyecto debe tener objetivos claros en cuanto al producto o servicio que alcanzará. Además, un proyecto también debe tener una fecha de inicio y finalización.

Un proyecto puede crear o realizar mejoras en un producto o servicio existente. Un proyecto también puede ser un esfuerzo único o uno permanente. Sin embargo, dado que un proyecto debe tener una fecha de inicio y finalización, un proyecto permanente es técnicamente un proyecto que se repite al completar sus objetivos.

Por ejemplo, puede haber un proyecto donde el objetivo sea fabricar un automóvil deportivo según pautas estrictas en un mes. El equipo del proyecto puede completar el automóvil en 29 días y cerrarlo. El mismo equipo podría pasar al siguiente proyecto, que es el mismo: fabricar el mismo automóvil con los mismos requisitos y plazo. Estos proyectos se denominan proyectos permanentes.

La gestión de proyectos tiene como objetivo utilizar los recursos disponibles de un equipo para lograr los objetivos del proyecto sin demoras y sin exceder el presupuesto. La planificación de recursos incluye personal, finanzas, tecnología y propiedad intelectual. La gestión de proyectos también tiene como objetivo cumplir con los requisitos y expectativas predefinidos del cliente y, al mismo tiempo, facilitar algunos cambios en esos requisitos y expectativas a lo largo del proyecto.

El trabajo de un director de proyecto es utilizar una metodología de gestión de proyectos adecuada para iniciar, planificar, ejecutar, controlar y cerrar el proyecto dentro del plazo permitido. En la mayoría de las metodologías, el director del proyecto determina cuándo se completarán ciertos componentes del proyecto y qué miembros del equipo contribuirán a esas tareas. Algunas metodologías de gestión de proyectos involucran a equipos más pequeños que toman esas decisiones e inician y ejecutan tareas.

## 1.1 Historia de la Gestión de Proyectos

Los registros antiguos demuestran que a los funcionarios se les asignaron funciones de gestión para completar diferentes secciones de la Gran Pirámide de Giza construida por los faraones. La construcción de las cuatro caras de la Gran Pirámide se asignó a diferentes gerentes, quienes se aseguraron de que se completaran a tiempo. Esto habría implicado planificación, ejecución y control.

La Gran Muralla China es otro proyecto enorme que habría requerido muchas habilidades de gestión. Los datos históricos indican que los trabajadores se dividieron en tres grupos o categorías principales: soldados, plebeyos y criminales. Estos grupos, que ascendían a millones de personas, se gestionaban por separado. Por lo tanto, existe evidencia concreta que sugiere que ciertos niveles de gestión de proyectos han existido durante miles de años.

La industria de la ingeniería civil en la década de 1950 aplicó por primera vez prácticas de gestión de proyectos; sin embargo, se limitaron a proyectos complejos. Las prácticas no se aplicaron para proyectos más pequeños en ese momento. Durante la siguiente década, la gestión de proyectos se expandió a muchos otros campos de la ingeniería.

Henry Laurence Gantt, un ingeniero mecánico estadounidense que creó el diagrama de Gantt en 1917, fue uno de los pioneros de la gestión científica y las prácticas de gestión de proyectos. Los diagramas de Gantt se hicieron populares como una herramienta para guiar proyectos, e introdujo muchas otras técnicas y herramientas para ayudar a planificar y controlar proyectos. Henri Fayol, un ingeniero francés, también presentó las cinco funciones de gestión de proyectos, que sentaron las bases para la gestión de proyectos en los años venideros.

La era de la gestión de proyectos moderna surgió en la década de 1950, con muchos campos centrales de la ingeniería contribuyendo a su evolución. La gestión de proyectos fue reconocida como una práctica y disciplina importante en muchos sectores de la ingeniería en esta época. Los diagramas de Gantt se utilizaron para gestionar la mayoría de los proyectos junto con varias herramientas informales antes de la década de 1950. Sin embargo, en esta época surgieron dos modelos de programación de proyectos que cambiaron la forma en que se llevaba a cabo la gestión de proyectos.

Este método de la ruta crítica (CPM) fue uno de esos métodos matemáticos. Fue desarrollado a través de una empresa conjunta entre Remington Rand Corporation y DuPont Corporation. El CPM ganó popularidad rápidamente y se utilizó para gestionar proyectos de mantenimiento de plantas.

La Técnica de Evaluación y Revisión de Programas (PERT) fue el otro modelo de programación de proyectos que surgió. Fue un modelo creado por la Oficina de Proyectos Especiales de la Marina de los Estados Unidos junto con Booz Allen Hamilton y Lockheed Corporation para el programa de submarinos de misiles Polaris. CPM y PERT tienen muchas similitudes; sin embargo, tienen numerosas distinciones que las hacen más o menos adecuadas para determinados proyectos o industrias.

El CPM se utilizó para administrar proyectos que tienen marcos de tiempo predefinidos para diferentes tareas. El PERT, por otro lado, fue ampliamente utilizado en proyectos con plazos inciertos. Muchas entidades privadas de diferentes industrias comenzaron rápidamente a usar el CPM y el PERT para administrar diferentes proyectos según sus características.

Se introdujeron diferentes técnicas para estimar y administrar el costo de los proyectos con Hans Lang liderando el camino. La Asociación Americana de Ingenieros de Costos fue formada en 1956 por personas y empresas que utilizaban diferentes herramientas y metodologías de gestión de proyectos. La organización ahora se conoce como la Asociación para el Mejoramiento de la Ingeniería de Costos (AACE). Las prácticas que involucran planificación, estimación de costos, programación, control de costos y control de proyectos han sido guiadas durante décadas por la AACE.

El Departamento de Defensa de los Estados Unidos desarrolló el concepto de Estructura de Desglose del Trabajo (WBS) para el proyecto de misiles balísticos Polaris. Se publicó una vez finalizado el proyecto y se ordenó su uso en proyectos futuros del mismo tamaño y alcance. La WBS es una estructura jerárquica para tareas y entregables que deben completarse para cerrar un proyecto en particular. El método fue adoptado más tarde por el sector privado y sigue siendo una herramienta de gestión de proyectos muy útil hasta la fecha.

La Asociación Internacional de Gestión de Proyectos (IPMA) se formó en Viena en 1965. Actuó como un foro para que los directores de proyectos compartieran información, con más de 50 asociaciones de gestión de proyectos de todo el mundo uniéndose a su red. La IPMA tiene la intención de desarrollar la profesión de gestión de proyectos con una membresía superior a 120.000 en 2012.

El Instituto de Gestión de Proyectos (PMI), formado en 1969 en los Estados Unidos, tenía como objetivo mejorar la ciencia, la práctica y la profesión de la gestión de proyectos. El primer simposio de PMI se llevó a cabo en Atlanta, Georgia, el mismo año con 83 asistentes. Desde entonces, el instituto ha dado grandes pasos al ser altamente reconocido en todo el mundo por publicar *Una Guía para el Cuerpo de Conocimiento de la Gestión de Proyectos* (PMBOK), que actúa como una herramienta esencial para los directores de proyectos. Incluye diferentes prácticas de gestión de proyectos adecuadas para "la mayoría de los proyectos, la mayor parte del tiempo".

El Instituto de Gestión de Proyectos también comenzó a emitir certificados para expertos en gestión de proyectos que contribuyeron en gran medida al reconocimiento mundial de la gestión de proyectos como profesión y experiencia. Los dos certificados de gestión de proyectos del PMI son el de Profesional de Gestión de Proyectos (PMP) y el de Asociado Certificado en Gestión de Proyectos (CAPM).

Simpact Systems Limited creó PROMPT II en 1975 como respuesta al clamor por una solución para abordar proyectos que extienden las fechas de entrega y exceden los presupuestos, especialmente en la industria de las tecnologías de la información. PROMPTII establece pautas sobre la forma en que fluyen las etapas en un proyecto informático. La Agencia Central de Computación y Telecomunicaciones (CCTA) del Gobierno del Reino Unido adoptó PROMPT II para todos sus proyectos de sistemas de información en 1979.

El autor, filósofo y líder empresarial, Dr. Eliyahu M. Goldratt, introdujo la Teoría de las Restricciones (TOC) en su libro *La Meta* en 1984. La filosofía de gestión tenía como objetivo ayudar a las empresas a alcanzar continuamente sus objetivos. La teoría tiene como objetivo identificar las limitaciones que impiden que los proyectos logren sus objetivos. El proceso utiliza cinco pasos para reestructurar una organización en torno a las limitaciones que se identifican. Los algoritmos y la filosofía detrás de TOC sentaron las bases para el desarrollo de la Gestión de Proyectos de Cadena Crítica.

Scrum fue reconocido como un estilo de gestión de proyectos en un artículo titulado "El nuevo juego de desarrollo de nuevos productos", escrito por los profesores Hirotaka Takeuchi e Ikujiro Nonaka en 1986. Scrum estaba inicialmente destinado a la gestión de proyectos en el desarrollo de software. Sin embargo, más tarde se hizo popular como un enfoque general de gestión de proyectos que se utilizó en muchos sectores diferentes.

La Gestión del Valor Ganado (EVM) fue reconocida como una técnica de gestión de proyectos solo a finales de los 80 y principios de los 90; sin embargo, el concepto se ha utilizado en las fábricas desde los albores del siglo XX. El EVM se convirtió en una parte clave de la gestión y adquisiciones del programa con el ascenso del liderazgo de EVM a Subsecretario de Defensa para Adquisiciones en 1989. EVM detectó problemas de desempeño en el programa Navy McDonnell Douglas A-12 Avenger II, lo que resultó en la cancelación del programa por parte de Secretario de Defensa, Dick Cheney, en 1991.

El método Projects IN Controlled Environments (PRINCE), desarrollado a partir de PROMPT II, se convirtió en el estándar para todos los proyectos de sistemas de información del gobierno del Reino Unido en 1989. Sin embargo, PRINCE pronto se conoció como un enfoque rígido que solo era aplicable a proyectos limitados, como los proyectos más grandes.

Estas limitaciones se abordaron más adelante en 1996 con la introducción de PRINCE2. Mientras que PRINCE se desarrolló principalmente para proyectos de tecnología de la información y sistemas de información, PRINCE2 era más genérico. Como resultado, fue adoptado por empresas de muchos sectores diferentes. PRINCE2 también fue más aplicable a proyectos de diferentes escalas que contribuyeron a su popularidad.

La Gestión de Proyectos de Cadena Crítica (CCPM) fue inventada por Eliyahu M. Goldratt en 1997. Se basó en algoritmos y métodos en la Teoría de Restricciones (TOC) publicados por Goldratt en 1984. CCPM tiene como objetivo mantener los recursos uniformes al tiempo que garantiza la flexibilidad cuando se trata de tiempos de inicio de diferentes tareas para que un proyecto se ejecute según lo programado. PMBOK fue reconocido como estándar por el Instituto Nacional Estadounidense de Estándares (ANSI) en 1998. El Instituto de Ingenieros Eléctricos y Electrónicos (IEEE) también hizo lo mismo ese año.

Diecisiete expertos en software se reunieron en el resort The Lodge en Snowbird, Utah, en febrero de 2001 para discutir y compartir conocimientos sobre metodologías ligeras de desarrollo de software. Esta reunión resultó en la publicación del *Manifiesto para el Desarrollo de Software Agile*. Definió el enfoque Agile, con algunos de los autores del manifiesto pasando a formar La Alianza Agile, una organización sin ánimo de lucro centrada en promover el desarrollo de software en línea con los doce principios básicos introducidos en el manifiesto.

AACE International introdujo el Marco de Gestión de Costos Totales en 2006 que se centró en aplicar los conocimientos y habilidades de la ingeniería de costos. La cuarta edición de la Guía del PMBOK se publicó en 2008. En 2009 se realizó una revisión clave de PRINCE2, lo que hizo que el método fuera más personalizable y más simple. El método actualizado ofrece a los gerentes de proyectos siete principios para completar proyectos dentro del presupuesto, a tiempo y con la calidad adecuada.

La Organización Internacional de Normalización en 2012 publicó la norma ISO 21500: 2012, *Orientación sobre Gestión de Proyectos*, como resultado del trabajo realizado durante cinco años con contribuciones de expertos de más de 50 países. El estándar puede ser utilizado por cualquier organización, privada, pública o comunitaria, y cualquier tipo de proyecto independientemente de su tamaño, duración y complejidad.

La quinta edición de la Guía del PMBOK se publicó en 2012. La quinta edición introdujo características y reglas que se consideran buenas prácticas en la gestión de proyectos. También incluye la Gestión de Partes Interesadas del Proyecto, la décima área de conocimiento de la guía y cuatro nuevos procesos de planificación.

# Capítulo 2: Gestión de Proyectos Agile

Agile es un enfoque de gestión de proyectos flexible y moderno. Permite dividir proyectos más grandes en tareas más simples y manejables que luego se completan en iteraciones cortas conocidas como *sprints*. Agile permite que un equipo se adapte al cambio y complete el trabajo rápidamente.

El enfoque de gestión de proyectos Agile puede parecer difícil de gestionar y algo complejo. Sin embargo, la mayoría de las empresas, equipos y gerentes de proyectos a menudo practican muchos enfoques y principios Agile sin saberlo. Por lo tanto, adoptar Agile puede no ser tan difícil como parece.

Agile fue desarrollado para resolver diferentes desafíos a los que se enfrentaban los proyectos de desarrollo de software en sus inicios. Sin embargo, hoy en día, Agile se utiliza para administrar proyectos, no solo en el campo de la tecnología de la información, sino también en la construcción, la educación, el marketing, etc. Por tanto, muchas empresas pueden beneficiarse de la adopción de Agile independientemente del sector al que pertenezcan.

Formar y emplear equipos que siguen la metodología Agile suele ser simple, lo que facilita que las organizaciones adopten Agile. Sin embargo, es importante recordar que cada equipo Agile es diferente de otro. Por lo tanto, una comprensión profunda de los conceptos básicos de Agile es importante para que los principios y valores Agile que funcionan para ese equipo en particular se puedan enfatizar y mejorar mientras se resuelven los puntos débiles.

Las metodologías de gestión de proyectos más tradicionales, como el modelo Waterfall, abordan un proyecto de modo que el producto final se desarrolla como una sola pieza. Agile, por otro lado, adopta un enfoque diferente al dividir el desarrollo del producto en incrementos más pequeños. Por lo tanto, Agile requiere menos planificación y diseño inicial y, al mismo tiempo, es más fácil de administrar y entregar a tiempo sin salirse del presupuesto.

Por ejemplo, el método de gestión de proyectos Waterfall abordará la construcción de una casa de principio a fin con una fecha de entrega y un producto final en mente. Sin embargo, cuando se trata de Agile, la construcción de la casa se divide en piezas más pequeñas, como los cimientos, las paredes, el techo, el interior y el exterior. Cada uno de estos incrementos tendrá fechas de vencimiento predefinidas.

Dividir un proyecto más grande en partes más pequeñas y manejables es algo que muchas personas practican todos los días. Por ejemplo, alguien rara vez limpiaría toda su casa como un solo proyecto con una idea de una hora o fecha para finalizar la tarea en cuestión. En cambio, muchos lo dividen en incrementos más pequeños: cocina, sala de estar, dormitorios, etc. Esto les ayuda a administrar mejor el trabajo y hacer las cosas rápidamente sin tener que tratar de limpiar toda la casa de una sola vez.

En Agile, los incrementos en los que se desglosan los productos se denominan *iteraciones* o *sprints*. Estas iteraciones están *encuadradas en el tiempo*, lo que significa que tienen una fecha de inicio y finalización fija, donde el equipo trabaja para lograr los objetivos predefinidos para ese incremento en particular. Un incremento puede durar de una semana a cuatro semanas, dependiendo de las prácticas seguidas por el equipo u organización.

Cada iteración es llevada a cabo por un equipo *multifuncional*. Un equipo multifuncional es aquel que se ocupa de la planificación, el diseño, el análisis, el desarrollo y las pruebas. Por lo tanto, los miembros del equipo que posean las habilidades necesarias para cubrir todas estas áreas deben estar incluidos en un equipo Agile. Por ejemplo, en una empresa de desarrollo de software, un equipo Agile debe incluir analistas de negocios, arquitectos, desarrolladores e ingenieros de control de calidad.

El final de cada iteración deja un producto funcional que puede presentarse al resto de las partes interesadas del proyecto. Esta es una de las características más importantes de Agile. Se mantiene una versión funcional del producto final al término de cada iteración. De hecho, puede que no tenga todas las características del producto final; sin embargo, las partes interesadas podrán ver cómo se desarrolla el producto sin tener que esperar hasta el final.

Hay menos riesgos asociados con la gestión de proyectos Agile porque los incrementos o versiones funcionales del producto se completan al final de cada iteración. Hacerlo permite al equipo asegurarse de que están desarrollando un producto que cumpla con los requisitos y expectativas del cliente.

Cualquier error o variación de los requisitos y expectativas se puede identificar al final de una iteración, ya que las partes interesadas pueden ver una versión funcional del producto. Solucionar estos problemas es mucho menos costoso que identificarlos en una etapa posterior del desarrollo del producto o al final.

Por ejemplo, cuando se construye una casa utilizando el enfoque Agile, las partes interesadas podrán ver los cimientos, las paredes, el techo, etc., al final de cada incremento. Si hay algo que no cumple con los requisitos y expectativas del cliente, se puede señalar y el equipo puede corregir esos errores en la siguiente iteración.

Sin embargo, si la casa se construye con el método Waterfall, el cliente solo puede ver una versión funcional de la casa al final de la construcción. Como tal, si una determinada característica del techo no está de acuerdo con los requisitos o expectativas del cliente, el equipo excederá el presupuesto y los plazos de entrega y es posible que deba rehacer parte del trabajo en el interior y el exterior mientras se arregla el techo.

La metodología Agile también se centra en mejorar la comunicación entre los miembros del equipo. Se prescribe que los equipos se instalen cerca unos de otros en una oficina para comunicarse de manera eficiente. Esto reduce la necesidad de métodos de comunicación que consumen mucho tiempo, como llamadas, chats y correos electrónicos.

Cada equipo Agile tiene un miembro del equipo que representa a ese cliente. Las partes interesadas dan su consentimiento a este miembro del equipo en particular para tomar decisiones en su nombre cuando se trata del trabajo que realiza el equipo a diario. La misma persona también debe estar disponible para responder cualquier pregunta y proporcionar aclaraciones cuando sea necesario durante las iteraciones.

El final de una iteración proporciona una versión funcional del producto o un incremento de producto. El equipo del proyecto y las partes interesadas se reúnen para revisar el incremento del producto y asegurarse de que el producto que se está desarrollando se alinea con los requisitos y expectativas del cliente. Agile es una metodología de gestión de proyectos que se puede utilizar con éxito en empresas pertenecientes a diversos sectores o industrias. Cuando se implementa correctamente, puede llevar a los equipos hacia resultados altamente satisfactorios.

## 2.1 Qué es El Manifiesto

Los trabajadores, las empresas y los clientes se sentían cada vez más frustrados en la década de 1990 con los métodos de gestión de proyectos existentes, como Waterfall. Los productos finales eran muy diferentes de los requisitos iniciales del cliente. Muchos proyectos se retrasaron y algunos incluso se cancelaron debido a que los clientes no estaban satisfechos con el desempeño de las empresas.

La mayoría de los equipos de desarrollo estaban más preocupados por la documentación que por desarrollar productos que cumplieran con los requisitos y expectativas del cliente. Más importante aún, las metodologías tradicionales de gestión de proyectos no pudieron adaptarse lo suficientemente bien a las demandas cambiantes de sus clientes. Los trabajadores, específicamente los desarrolladores de software, tampoco eran tan versátiles.

Había un consenso creciente en la industria del desarrollo de software de que la mayoría de las empresas estaban desperdiciando recursos al concentrarse en las cosas menos importantes. Los métodos que se estaban utilizando no funcionaban para todos los proyectos y era necesario inventar una nueva metodología. Se necesitaba un enfoque innovador y moderno, para que los equipos pudieran ser más independientes y abiertos al cambio, con mayor productividad y eficiencia.

Como se mencionó anteriormente, diecisiete personas se reunieron en The Lodge en Snowbird. Fueron allí para relajarse, comer, beber, esquiar y, lo que es más importante, encontrar puntos en común. El resultado fue la aparición del Manifiesto Agile para el Desarrollo de Software.

El documento contenía cuatro valores fundamentales y doce principios que se prescriben para el desarrollo de software Agile. Era una alternativa para las metodologías de gestión de proyectos impulsadas en gran medida por la documentación y los procesos pesados que estaban resultando infructuosos para muchos tipos de proyectos.

Este grupo, La Alianza Agile, publicó el *Manifiesto Agile* que incluía los cuatro valores y doce principios que recomendaban para el desarrollo de software Agile. Cabe señalar que muchos de los valores y principios Agile habían sido practicados por los expertos que pertenecían al grupo durante años. Sin embargo, el manifiesto hizo que su visión fuera más concreta, lo que dio lugar a que tomara por asalto el mundo del desarrollo de software.

El equipo que trabajó en el Manifiesto Agile incluyó a muchos expertos y profesionales como:

- Kent Back y Ron Jeffries, quienes co-crearon eXtreme Programming (XP)
- Andrew Hunt y Dave Thomas, coautores de *El Programador Pragmático*
- Ken Schwaber y Jeff Sutherland, quienes co-crearon el marco Scrum
- Mike Beedle, coautor de *Desarrollo de software ágil con Scrum*
- Alistair Cockburn, el creador de la Metodología Agile Crystal
- Kern, quien era un prominente evangelista tecnológico de procesos ligeros en ese momento
- Robert C Martin, también conocido como "Tío Bob", un destacado ingeniero e instructor de software estadounidense
- Arie van Bennekum, propietario de Integrated Agile
- Martin Fowler, socio de Thoughtworks
- Jim Highsmith, el creador de Adaptive Software Development (ASD)
- Brian Marick, autor y experto en pruebas de software
- Mellor, inventor del Análisis de Sistemas Orientado a Objetos (OOSA)

- Ward Cunningham, desarrollador del primer Wiki
- James Grenning, autor de Desarrollo Basado en Pruebas

Estos hombres dieron a luz el *Manifiesto Agile* que más tarde cambiaría la forma en que muchas empresas gestionan proyectos.

## 2.2 ¿Es Agile solo para el desarrollo de software?

Es justo decir que la mayoría de las personas que conocen la gestión de proyectos Agile tienen experiencia en la industria del desarrollo de software. Cualquiera que lea el Manifiesto Agile entendería claramente que la metodología Agile fue pensada para las prácticas de desarrollo de software. Un vistazo a los miembros de La Alianza Agile también dejaría claro que los valores y principios surgieron en el mundo del desarrollo de software.

De hecho, puede que Agile haya sido creado por un colectivo de expertos en software con la industria del desarrollo de software en mente. Sin embargo, eso no limita Agile a la industria del software, ya que sus valores y principios se pueden aplicar fácilmente a una amplia gama de tipos de proyectos e industrias.

La gestión Agile de proyectos se centra en ofrecer valor a lo largo de la duración de un proyecto en lugar de solo al final. También está muy abierto al cambio y es mejor que muchas metodologías de gestión de proyectos cuando se trata de responder al cambio. Agile también promueve la creatividad y la innovación mientras se mantiene el desarrollo controlado de los productos.

Estos son desafíos que están presentes no solo en el desarrollo de software sino también en muchas otras industrias. Por lo tanto, Agile se puede utilizar en numerosos sectores e industrias además de su uso popular en el desarrollo de software.

## 2.3 Valores fundamentales y Principios de Agile

### Los cuatro valores fundamentales de Agile

Una de las principales razones de la reunión de La Alianza Agile en 2001, y el Manifiesto Agile, fue abordar los muchos desafíos que enfrentaba la industria del desarrollo de software. Por lo tanto, los cuatro valores fundamentales mencionados en el Manifiesto Agile se centran en lo que un equipo debe hacer y evitar en un entorno Agile. Estas cuatro recomendaciones sientan las bases de cómo funcionan los equipos Agile y cómo los miembros del equipo interactúan entre sí y con las partes interesadas.

### Personas e Interacciones sobre Procesos y Herramientas

La metodología Agile otorga más valor a las personas que a las herramientas y los procesos. La lógica básica detrás de este valor es que las personas y las interacciones que involucran a personas son más fáciles de entender que las herramientas y los procesos. Es un reconocimiento de la fuerza impulsora óptima de un proceso de desarrollo, que son las interacciones humanas en lugar de los procesos y herramientas.

Cuando los procesos y las herramientas impulsan el desarrollo de un producto, el equipo se vuelve más débil a la hora de responder al cambio. Como resultado, a menudo no cumplen con los requisitos y expectativas del cliente. Sin embargo, cuando el desarrollo es impulsado por los individuos y sus interacciones, pueden adaptarse mejor al cambio y, de este modo, es más probable que cumplan con los requisitos y expectativas del cliente.

Por ejemplo, los procesos y las herramientas a menudo complican innecesariamente la comunicación entre las personas. Sin embargo, cuando las herramientas se eliminan de la ecuación y se alienta a los miembros del equipo a comunicarse en persona, la comunicación se vuelve más efectiva y eficiente. Agile también fomenta la comunicación siempre que surja la necesidad en lugar de seguir un proceso en el que la comunicación está programada y limitada a un contenido específico. Esto contribuye a que los equipos sean más receptivos al cambio en entornos Agile.

**Software Funcional Sobre Documentación Completa**

Había una inmensa cantidad de documentación involucrada en el proceso de desarrollo de software cuando Agile se presentó al mundo en 2001. Se dedicó una gran cantidad de tiempo a crear varios documentos, como requisitos técnicos, especificaciones, prospectos, documentos de diseño con interfaz de usuario, pruebas y planes de documentación y documentos de aprobación. Una cantidad sustancial de documentación que existía en el desarrollo de software contribuyó a grandes retrasos en el desarrollo de productos, y los proyectos también superaron sus presupuestos.

El *Manifiesto Agile* enfatiza la entrega de software funcional en lugar de una documentación completa. La documentación no se elimina por completo en Agile; sin embargo, está simplificado para que aquellos que contribuyen al desarrollo del producto puedan trabajar sin verse empantanados por el trabajo de documentación.

Por lo tanto, debe destacarse que Agile requiere cierta documentación, pero pone el foco principal en entregar versiones funcionales del producto en lugar de documentación. Por ejemplo, las historias de usuario son un tipo de documento que permite a los desarrolladores crear nuevas funcionalidades. Por lo tanto, las historias de usuario son necesarias en Agile.

**Colaboración Con El Cliente Sobre Negociación Contractual**

Antes de la creación de la gestión de proyectos Agile, el director del proyecto y el cliente se reunían y negociaban cuándo se entregaría el producto y los detalles de la entrega. Los requisitos del producto también se negociaban en detalle antes de comenzar cualquier trabajo. También habría ciertos puntos en el proyecto donde se reunirían y renegociarían en base al progreso.

En metodologías de gestión de proyectos como Waterfall, el cliente estaba involucrado en el proceso al principio y al final. Nunca estaban involucrados durante el tiempo en el que se desarrollaba el producto. Había una necesidad de colaboración del cliente durante la fase de desarrollo del producto, y fue abordado por el *Manifiesto Agile*.

Agile recomendó que los gerentes de proyectos colaboren con los clientes en lugar de negociar contratos. El cliente participa en todo el proceso de desarrollo, lo que facilita a los directores de proyectos y desarrolladores la entrega de un producto final que cumpla con los requisitos y expectativas del cliente. Agile puede dictar los intervalos en los que los clientes pueden colaborar, pero algunos proyectos pueden implicar que los clientes asistan a todas las reuniones, especialmente cuando se trata de proyectos complejos.

**Respuesta Ante El Cambio Sobre Seguir Un Plan.**

El cambio se consideraba un gasto en la gestión de proyectos tradicional, especialmente en el desarrollo de software. Como resultado, la mayoría de las metodologías tradicionales de gestión de proyectos ponen mucho énfasis en el desarrollo de planes elaborados. Se asignó una gran cantidad de tiempo y recursos para reunir los requisitos y expectativas del cliente y las características de diseño que satisfarían esas necesidades.

La idea era hacer la mayor planificación posible para que hubiera menos cambios. El enfoque puede parecer bueno sobre el papel, pero carecía de practicidad. Los requisitos y expectativas de los clientes a menudo se malinterpretaban o no se entendían correctamente, lo que requería cambios incluso después de invertir una cantidad significativa de recursos para evitar tales incidentes. Algunos requisitos y expectativas de los clientes también cambiaban durante el proceso de desarrollo, lo cual requería cambios.

Por lo tanto, muchos gerentes de proyectos comenzaron a darse cuenta de que el cambio era inevitable en el desarrollo de software. Eso puede haber resultado en que el *Manifiesto Agile* se enfocara más en responder al cambio en lugar de seguir estrictamente un plan. La gestión Agile de proyectos requiere que los equipos respondan al cambio en lugar de evitarlo. El enfoque ayuda a los equipos a encontrar soluciones rápidamente mientras desarrollan un producto más útil y satisfactorio.

**Los 12 Principios de Agile**

Como se ha mencionado, el *Manifiesto Agile* describió doce principios que los equipos deben seguir en la implementación de la gestión de proyectos Agile. Estos principios se centran en crear y fomentar una cultura que sea más acogedora al cambio, con el cliente más involucrado en el proceso de desarrollo, especialmente en comparación con los enfoques tradicionales de gestión de proyectos. Los principios también se centran en hacer que el desarrollo de productos esté más alineado con las necesidades de las empresas.

**1. Satisfacción del cliente mediante la entrega temprana y continua de software de valor.**

Las metodologías tradicionales de gestión de proyectos solo permiten que el cliente utilice y experimente el producto una vez finalizado. Por lo general, el producto se revisa y se prueba a fondo antes de llevarlo al cliente. Esto significa que el cliente no tiene contacto con el producto hasta que se haya completado. El cliente no suele estar involucrado durante la fase de desarrollo del producto, lo que dificulta que el equipo de desarrollo introduzca cambios en el producto, incluso si lo considera necesario.

Mantener al cliente involucrado durante todo el desarrollo del producto, especialmente en una etapa temprana, es una de las mejores formas de hacerlos felices. Los clientes reciben pequeños incrementos del producto al final de cada sprint desde una etapa inicial de desarrollo. Pueden observar detenidamente el producto y solicitar cambios si es necesario. El equipo de desarrollo puede realizar esos cambios en el producto sin que esos cambios cuesten demasiados recursos.

En los enfoques tradicionales de gestión de proyectos, existe una gran brecha entre la documentación y la finalización del producto, momento en el que el cliente proporciona comentarios. Sin embargo, en Agile, esta brecha se acorta, y el cliente proporciona comentarios con frecuencia para que el producto final sea algo que el cliente realmente desea en lugar de lo que el cliente planeó al inicio del proyecto.

**2. Acepte los requisitos cambiantes, incluso en las etapas de desarrollo tardías.**

Existe la posibilidad de que los directores de proyecto interpreten incorrectamente los requisitos y expectativas de un cliente. En la gestión de proyectos tradicional, estos errores solo se identificarían al final del proyecto, lo que requiere una gran cantidad de trabajo para realizar los cambios necesarios. En la gestión de proyectos Agile, es probable que los clientes soliciten la mayoría de los cambios cuando aún se pueden gestionar con recursos mínimos.

Agile recuerda a los equipos que el cambio es inevitable. Por lo tanto, los equipos son más receptivos a los requisitos cambiantes en lugar de temerlos. Cuando se solicita un cambio, los equipos se encargan del cambio en la siguiente iteración sin que cause más daño o requiera más tiempo para corregirlo más adelante.

Una solicitud de cambio por parte de un cliente durante las últimas etapas de desarrollo generalmente significa que el equipo de desarrollo deberá dedicar esfuerzo y tiempo adicionales para realizar ese cambio. Sin embargo, Agile recomienda que los equipos agradezcan los cambios, incluso en las últimas etapas del desarrollo, para que se desarrolle un gran producto mientras se satisface al cliente.

**3. Entregar software funcional con frecuencia (semanas en lugar de meses).**

Este principio requiere que el proceso iterativo en el enfoque Agile consista en marcos de tiempo más pequeños, idealmente cada pocas semanas en lugar de meses. Este proceso iterativo no solo mejora el desempeño de los equipos, sino que también involucra al cliente con más frecuencia. Se entrega un incremento de trabajo del producto al final de cada etapa, momento en el que el cliente lo revisará. Cuanto más corto sea el período de tiempo entre iteraciones, más eficientes serán los equipos y con menos espacio para alejarse de los requisitos del cliente.

Este principio a menudo se confunde con el primer principio, que establece que los equipos deben centrarse en lanzar productos funcionales pronto. Sin embargo, el tercer principio destaca la importancia de lanzamientos más pequeños y constantes. Cuando una versión es pequeña, hay menos espacio para errores. Por ejemplo, en el escenario del software, es posible que una versión más pequeña no dé lugar al descubrimiento de muchos errores y que el cliente no necesite ningún cambio. Incluso los errores y cambios acordados se pueden solucionar rápidamente en la siguiente iteración mientras se avanza con el producto.

Los lanzamientos regulares brindan al cliente oportunidades periódicas para proporcionar comentarios sobre el producto que se está desarrollando. Si se lanza un producto funcional cada semana, el equipo termina recibiendo comentarios cada semana del cliente, lo que les ayuda a mantenerse en el camino correcto. Si un producto que funciona solo se lanza cada dos meses, existe una mayor posibilidad de errores y variaciones de las expectativas del cliente debido a la falta de comentarios recibidos.

**4. Cooperación estrecha y diaria entre empresarios y desarrolladores.**

Una de las mayores fallas de las metodologías tradicionales de gestión de proyectos es que la mayoría de las partes interesadas desconocen el producto que se está desarrollando durante la etapa de desarrollo del proyecto. Quienes contribuyen directamente al desarrollo del proyecto generalmente se mantienen alejados de los empresarios, incluidos los clientes. Por ejemplo, en las metodologías tradicionales de desarrollo de software, los desarrolladores de software apenas interactúan con la gente de negocios. Esto da como resultado que los equipos pasen casualmente por las etapas de desarrollo sin que el cliente vea el producto al que están dando forma.

Sin embargo, Agile recomienda que las partes interesadas se involucren más, especialmente durante las etapas de desarrollo, de modo que se pueda desarrollar un producto final de gran valor con comentarios frecuentes. Se recomienda eliminar las barreras que se interponían entre los desarrolladores y los empresarios, con la interacción entre ellos todos los días; hacerlo da como resultado una mayor transparencia, comprensión y respeto.

**5. Los proyectos se basan en personas motivadas en las que se debe confiar.**

Una de las principales razones de muchas fallas en la gestión de proyectos tradicional es la microgestión de los miembros del equipo por parte de los directores de proyecto y otros. Los miembros del equipo de microgestión a menudo disminuyen la moral y actúan como una barrera contra la creatividad y la innovación. Los proyectos que se basan en miembros del equipo que carecen de motivación a menudo terminan con decepciones.

Agile aborda este problema confiando en los miembros del equipo en lugar de microgestionarlos. Hay una buena razón por la que se ha formado el equipo en particular. Por tanto, requieren confianza. Poner la confianza en los equipos los motiva a trabajar de manera eficiente y eficaz. El trabajo se supervisa, pero los miembros del equipo se dejan solos tanto como sea posible.

En un entorno así, los miembros del equipo tienen confianza. A menudo expresan sus opiniones y comparten sus conocimientos con otros, lo que allana el camino para soluciones creativas e innovadoras. Un individuo motivado es un mejor jugador de equipo. Por lo tanto, los entornos Agile conducen a un mejor rendimiento del equipo.

**6. Una conversación cara a cara es la mejor forma de comunicación (coubicación).**

Las metodologías tradicionales de gestión de proyectos se centraron mucho en la documentación de conversaciones, la programación de reuniones, los intercambios de correo electrónico y las herramientas colaborativas. Sin embargo, estos métodos a menudo cuestan tiempo, a pesar de que parecen hacer que los equipos sean más eficientes. El *Manifiesto Agile* identificó este obstáculo y la solución fue reconocer las interacciones cara a cara como la mejor forma de comunicación.

En un entorno más tradicional, un miembro del equipo puede estar más concentrado en documentar una conversación o su resultado en lugar de entenderlo. Puede haber tiempo perdido entre correos electrónicos, notas e interacciones utilizando herramientas colaborativas. Se puede perder un tiempo valioso para actuar mientras los miembros del equipo esperan la próxima reunión programada. Todo esto se puede solucionar con sencillas conversaciones cara a cara.

De hecho, muchas organizaciones tienen empleados que trabajan de forma remota. En tales escenarios, las conversaciones cara a cara pueden no parecer la forma más práctica para que los equipos se comuniquen. Sin embargo, herramientas como Skype y Zoom permiten a los equipos comunicarse cara a cara independientemente de dónde se encuentren físicamente. Por lo tanto, en el mundo moderno, un equipo no necesita estar en la misma sala para tener una conversación cara a cara.

**7. El software funcional es la principal medida de progreso.**

Antes de la creación de Agile, se usaban diferentes factores para medir el progreso de un proyecto. Sin embargo, la mayoría de estos factores simplemente alentaban a los equipos a completar una *tarea* y pasar a la siguiente. Se prestaba muy poca atención al producto que se estaba creando o como de funcional era. Condujo a productos finales que carecían de calidad y no cumplían con los requisitos y expectativas del cliente. Por lo tanto, el análisis, los modelos y las maquetas elaboradas tienen muy poco significado en comparación con un producto funcional.

Agile prescribe que el progreso se mide en función del producto y su funcionalidad en lugar de otros factores, como la cantidad de tareas que se han completado. Por lo tanto, el progreso de un proyecto se puede medir por la evolución del producto funcional.

Agile anima a los equipos a permanecer centrados en lo que es más importante: el producto funcional. El producto funcional satisfará al cliente.

### 8. Desarrollo sostenible, capaz de mantener un ritmo constante.

Trabajar en proyectos largos y complejos a menudo resulta en que los miembros del equipo se fatiguen después de dar lo mejor de sí durante un período prolongado. Muchos proyectos suelen comenzar rápido, pero pierden ritmo a medida que avanzan en la fase de desarrollo. Por lo tanto, mantener un ritmo de desarrollo constante era una de las principales áreas que Agile deseaba abordar.

El octavo principio en el *Manifiesto Agile* dicta que la velocidad de desarrollo debe ser sostenible durante el transcurso del proyecto. Por lo tanto, se recomienda a los equipos que no realicen más trabajo del que pueden mantener durante un período prolongado. Se anima a trabajar duro, pero se desalienta por completo el exceso de trabajo.

El patrón iterativo repetible en Agile ayuda a los equipos a establecer un ritmo de desarrollo saludable donde son eficientes sin sobrecargarse con demasiado trabajo. Una iteración no debería tener menos o más trabajo que cualquier otra; cada iteración debe implicar la cantidad justa de trabajo. Mantener una velocidad de desarrollo tan constante y sostenible mantiene a los miembros del equipo libres de estrés mientras el proyecto avanza a un ritmo aceptable.

### 9. Atención continua a la excelencia técnica y al buen diseño.

Es natural que la mayoría de las empresas consideren los tiempos de producción prolongados como un costo. Cuanto más tiempo se tarda en crear un producto, más tiempo debe esperar una empresa para recibir el pago y empezar a crear el siguiente producto. Además, muchas empresas creen que al usuario final no le importa realmente su excelencia técnica. La excelencia técnica, en la mayoría de los casos, no genera ingresos directos para una empresa. Sin embargo, eso no significa que las empresas deban centrarse menos en ello.

Si se descuida el dibujo de un buen diseño técnico para un producto, podría afectar la velocidad del producto. Sin un buen diseño, un producto será difícil de crear y, por lo tanto, llevará más tiempo. Además, los productos con diseños deficientes suelen ser más difíciles o incluso imposibles de cambiar en relación a los requisitos y expectativas cambiantes del cliente.

Cuando se trata de proyectos pequeños, podría tener sentido desarrollar el producto en lugar de dedicar mucho tiempo a diseñarlo. Sin embargo, los proyectos complejos requieren que los equipos se centren en la calidad técnica y el gran diseño. No es necesario crear un gran diseño antes de que comience el desarrollo del producto. El diseño puede evolucionar a medida que se desarrolla el producto. Sin embargo, los equipos deben contar con el tiempo y los recursos para hacerlo.

Agile fomenta los buenos diseños y la excelencia técnica al alentar a los equipos a mejorar su trabajo después de cada iteración. Todo lo que deba arreglarse debe arreglarse ahora sin tener que volver más tarde. También se espera que el equipo aprenda de los errores y mejore para que los mismos errores no se repitan, costando valiosos recursos. Centrarse en los grandes diseños y la calidad técnica agrega un valor inmenso a un producto. Los clientes se darán cuenta y la empresa pronto comenzará a beneficiarse, ya que los clientes satisfechos a menudo ayudan a las empresas.

**10. La simplicidad, el arte de maximizar la cantidad de trabajo no realizado, es esencial.**

Se puede decir sin miedo a equivocarse que Agile es una metodología de gestión de proyectos dirigida más hacia hacer el trabajo y agregar más valor a los productos en lugar de a las formalidades. Muchos de los procedimientos seguidos tradicionalmente en las empresas pueden dejar de ser relevantes en un entorno Agile. Los equipos pueden optar por ignorar ciertos procedimientos, automatizar las tareas manuales que requieren mucho tiempo y utilizar estudios ya existentes en lugar de escribir los suyos propios.

Hacer todo esto da a los equipos más tiempo para concentrarse en el trabajo que se debe hacer y agregar más valor al producto que están desarrollando. El objetivo es avanzar lo más rápido posible eliminando complejidades innecesarias. Se anima a los equipos a que mantengan las cosas lo más simples posible. La simplicidad ha demostrado ser un gran ingrediente cuando se trata de optimizar los procesos. En cualquier iteración, las tareas a completar son el objetivo principal de cada miembro del equipo. Documentar, planificar y agregar funciones adicionales no se consideran prioridades hasta que se complete el trabajo que debe realizarse.

**11. Las mejores estructuras, requisitos y diseños surgen de equipos autoorganizados.**

Este principio tiene como objetivo hacer que algunos de los principios anteriores sean realistas en los entornos de trabajo. La forma en que Agile recomienda que los desarrolladores y las empresas se comuniquen directa y regularmente y por qué el software funcional es más importante que los modelos teóricos se debatieron anteriormente. También se estableció anteriormente cómo las personas motivadas contribuyen a producir productos de alta calidad. En comparación, esto establece que, para que todo esto tenga éxito, los equipos deben poder organizarse por sí mismos sin demasiado control desde arriba.

En un entorno Agile, los equipos tienen el poder de organizar todo lo relacionado con el desarrollo de productos. Ellos deciden cuándo quieren comunicarse, cómo se completan las tareas, cómo se dividirá el trabajo entre los miembros del equipo y más. Se considera que este entorno mejora la productividad y la calidad, ya que quienes desarrollan directamente el producto comienzan a asumir más responsabilidad.

Existe una gran diferencia entre exigir cierto rendimiento a un empleado y en que este haga suyo el producto que está desarrollando. Cuando se exige cierto rendimiento a un individuo para llevar a cabo una determinada tarea, existe un sentido de obligación y estrés a su alrededor. Sin embargo, cuando alguien hace suyo el proyecto la motivación sale de sí mismo. Es una elección en lugar de algo asignado por un superior. Como resultado, los equipos tienden a ser más eficientes y efectivos cuando se les deja funcionar de forma independiente.

**12. Con regularidad, el equipo reflexiona sobre cómo ser más eficaz y se adapta en consecuencia.**

La metodología Agile de gestión de proyectos recomienda que los equipos se tomen el tiempo para observarse a sí mismos y el trabajo que han estado haciendo con regularidad para que puedan realizar mejoras y ajustes colectivos e individuales para ser más efectivos en el futuro. No es realista esperar que un equipo autoorganizado sea perfecto, sin importar lo bien cualificados que estén los miembros del equipo. Por lo tanto, se debe alentar a los equipos a auto observarse e identificar las áreas en las que pueden mejorar.

En entornos Agile, los equipos suelen completar un incremento de producto durante una iteración para después hacer una pausa. En esa pausa, se tomarán el tiempo para reflexionar sobre la iteración anterior. Durante estas sesiones, los miembros del equipo identificarán áreas en las que pueden mejorar, tanto como equipo como individualmente. Luego pasarán a la siguiente iteración.

Por tanto, la metodología Agile reduce la autocomplacencia en los equipos. Ser autocomplaciente es uno de los mayores errores que puede cometer un individuo, equipo o empresa en cualquier negocio, ya sea en el desarrollo o la fabricación de software. Agile reduce esa autocomplacencia al requerir que los equipos mejoren de manera continua y reflexionen sobre su trabajo más reciente.

Los directores de proyecto a menudo promueven sesiones en las que los equipos evalúan su trabajo y desempeño y discuten formas de mejorar. Hacerlo beneficia a las empresas, ya que los equipos se vuelven más productivos al mismo tiempo que evolucionan, y las personas adquieren más habilidades. Además, los productos también aumentan de valor a medida que se evitan errores durante el desarrollo a medida que los equipos se vuelven más capaces.

## 2.4 ¿De Qué se Compone un Equipo Agile?

Un pequeño grupo de personas asignadas al mismo esfuerzo o proyecto se considera un *equipo* en un entorno Agile. La mayoría de las personas que pertenecen a equipos Agile suelen ser empleados a tiempo completo. Sin embargo, los especialistas a tiempo parcial pueden unirse a un equipo Agile y contribuir al proyecto si surge la necesidad.

La idea de ser un equipo aporta una responsabilidad compartida a ese grupo de personas. No importa si los resultados de sus esfuerzos son buenos o malos; todo el equipo se los atribuye en lugar de limitar las cosas a cualquier miembro del equipo. Se recomienda que un equipo Agile posea todas las habilidades y experiencia necesarias para desarrollar un producto.

Por ejemplo, un equipo que está desarrollando software debe incluir programadores, arquitectos y evaluadores, así como personas con conocimientos empresariales y especialistas, como analistas comerciales. En el desarrollo Agile los resultados tienen más peso que los roles y las responsabilidades.

Por lo tanto, un programador de software puede completar ciertas tareas que tradicionalmente se consideraban responsabilidad de otra persona, como análisis y pruebas de requisitos y rendimiento. La atención se centra en hacer el trabajo en lugar de limitar a los miembros del equipo a roles y responsabilidades específicos.

Uno de los errores más comunes que cometen muchas empresas al implementar Agile es confundir un *equipo* con un *grupo*. Un grupo de personas que trabajan juntas no siempre puede ser un equipo Agile. Además, un miembro del grupo puede contribuir en múltiples proyectos simultáneamente sin considerar que estén en más de un *equipo*. Un grupo de personas también puede ser cualquier número superior a tres.

En un entorno Agile, un equipo debe tener un mínimo de tres miembros e idealmente, un máximo de diez. Los equipos Agile suelen estar coubicados, o al menos funcionan mejor cuando lo están. Los miembros de un equipo Agile se dedican a un solo proyecto a tiempo completo. No deben distribuirse en más de un proyecto al mismo tiempo.

Los equipos Agile son multifuncionales, lo que significa que pueden funcionar por sí mismos sin depender de personas que no pertenezcan al equipo. Es por eso que un equipo Agile debe poseer todas las habilidades y experiencia para completar las tareas que se le asignen. Los equipos Agile suelen tener un número limitado de roles de equipo de acuerdo con el marco Agile que se esté utilizando.

Por ejemplo, Scrum es un marco Agile, y un equipo Agile que usa el marco Scrum necesita tener individuos que cumplan los roles de Scrum Master, Product Owner (Dueño del Producto) y Los Miembros del Equipo.

**Colaboración con el Cliente**

Los equipos Agile interactúan de forma regular y continua con el cliente. La metodología establece que el equipo de desarrollo debe proporcionar una versión funcional del producto lo antes posible. Por lo general, está disponible al final de la primera iteración, donde el cliente puede revisar el incremento del producto y proporcionar comentarios. Los cambios necesarios también se identifican y solicitan, lo que reduce la necesidad de cambios costosos.

El cliente interactúa con un equipo Agile durante la fase de desarrollo. Se comunican con rapidez, y el equipo comprende fácilmente los requisitos y expectativas del cliente en comparación con la referencia exclusiva a los documentos. La interacción cara a cara con el equipo también ayuda a los clientes a explicar sus requisitos claramente sin ser malinterpretados. Incluso si se malinterpretan, los errores se pueden corregir al final de la siguiente iteración.

En comparación con las metodologías tradicionales de gestión de proyectos, como Waterfall, los clientes prefieren Agile, ya que se comunican directamente con el equipo de desarrollo en lugar de con alguien que los represente. Como resultado es poco probable que la información se malinterprete. Las interacciones regulares y continuas entre los equipos Agile y los clientes también allanan el camino para desarrollar productos de alta calidad con un gran valor.

**Comunicación Diaria**

Existe una gran diferencia entre un grupo de personas que trabajan juntas y un *equipo*. Un equipo es una unidad cohesiva que se comunica y colabora de manera eficiente para lograr un determinado objetivo u objetivos. La calidad del trabajo en equipo está determinada por seis componentes clave: coordinación, comunicación, aportes equilibrados, apoyo, cohesión y esfuerzo. La calidad del trabajo en equipo impacta directamente en el desempeño de un equipo y en el éxito del proyecto.

La metodología Agile cree que los equipos tienen más éxito cuando los miembros de esos equipos se apoyan los unos en los otros en lugar de en varias herramientas y procesos. Trabajar juntos como un equipo les da a los miembros del equipo el poder y la audacia para encontrar soluciones innovadoras en lugar de seguir métodos tradicionales. Por tanto, el trabajo en equipo es uno de los ingredientes más importantes de la metodología Agile.

Los equipos Agile planifican y organizan su trabajo entre ellos mediante rápidas reuniones diarias. También se les anima a tener conversaciones cara a cara cuando sea necesario en lugar de esperar a la próxima reunión programada o depender de otros medios, como chats, correos electrónicos y herramientas colaborativas. Los miembros del equipo están ubicados en la misma área cerca los unos de los otros para facilitar las conversaciones cara a cara. El equipo a menudo invita a las partes interesadas a reuniones de tormenta de ideas con las que puedan ayudarles con aportaciones valiosas.

Todo el equipo Agile se junta en las reuniones diarias para compartir los progresos realizados y los problemas que hayan podido surgir. Estos encuentros cara a cara son rápidos y van al grano. A veces, los problemas que enfrentan ciertos miembros del equipo pueden presentarse a todo el equipo y hacer así planes conjuntos para superar esos obstáculos. Dicha colaboración y confianza construyen el trabajo en equipo al tiempo que contribuyen positivamente al progreso del proyecto. El enfoque de la comunicación diaria también hace que Agile sea más sostenible.

**Individuos Motivados**

La motivación es uno de los ingredientes más importantes para mantener la productividad y el desempeño durante la fase de desarrollo de un proyecto. Se vuelve más importante a medida que aumenta el tamaño, la complejidad y la duración del proyecto. La motivación impulsa a los equipos a esforzarse al máximo todos los días durante un período de tiempo prolongado sin agotarse.

Los entornos Agile tienen como objetivo motivar a las personas para trabajar hacia los objetivos de sus equipos de forma colaborativa. Les apasiona el trabajo que hacen. También hacen su trabajo mientras apoyan a los miembros de su equipo, ya que lograr los objetivos de un individuo no se considera un éxito en un entorno Agile. Impulsados por la motivación, el apoyo, la confianza y la coherencia, los equipos Agile a menudo establecen ritmos altamente productivos sostenidos a lo largo de los proyectos, lo que da como resultado resultados altamente satisfactorios.

Crear un entorno para fomentar la motivación en los miembros del equipo no es fácil, especialmente si un equipo es nuevo en Agile. La mayoría de las empresas comienzan reformando sus instalaciones para crear espacios más propicios para el trabajo en equipo. Los equipos pueden desempeñarse de manera más eficiente en entornos en los que los miembros de su equipo están a solo unos pasos de distancia cuando necesitan tener una conversación rápida. Esta distribución también alienta a los miembros del equipo a colaborar más y mejorar la lluvia de ideas entre los equipos mientras mantiene a las personas centradas en las actividades del equipo.

Es importante darse cuenta de que los equipos Agile progresan a través del trabajo individual. Por lo tanto, los espacios de trabajo individuales también deben estar disponibles para los miembros del equipo. Proporcionan un área más tranquila, que se puede utilizar para realizar un trabajo individual hacia el objetivo del equipo.

**Equipos Auto Organizados**

En Agile se confía en los equipos para organizar cómo completarán el trabajo que desean lograr durante una iteración. Ellos deciden cómo se va a ejecutar el trabajo y quién va a hacer qué tareas. No hay participación de la gerencia con respecto a la asignación de tareas a los miembros del equipo o el seguimiento de las tareas asignadas a las personas. La gerencia confía completamente en un equipo Agile para tomar las decisiones correctas.

Es un acuerdo que todos los involucrados deben aprender a valorar. Los gerentes ya no tienen que estar presionando a los empleados para que hagan su trabajo. Los empleados pueden librarse de ser controlados por los gerentes todo el tiempo. Este acuerdo necesita que los miembros del equipo tengan mucha confianza en su trabajo. También deben estar preparados para superar los obstáculos que puedan surgir. Sin embargo, pueden sentirse tranquilos al saber que los miembros de su equipo estarán allí para apoyarlos.

Las obligaciones y la responsabilidad se comparten por igual entre todos los miembros de un equipo Agile. Como resultado, deben desempeñarse como individuos y en roles de equipo. Cada miembro debe completar el trabajo que le asigna el equipo. Además, deben estar dispuestos a salir de sus roles individuales para superar los obstáculos como equipo cuando uno o más miembros del equipo se enfrentan a dificultades.

Cuando un equipo no logra los objetivos esperados durante una iteración, identifican los errores y aprenden. No hay instrucciones de la gerencia. La mejora se crea orgánicamente dentro del equipo y, por lo general, los equipos Agile recién formados suelen tener un mentor Agile.

A los equipos les lleva algo de tiempo volverse autoorganizados sin tener problemas. Es necesario proporcionar coaching y capacitación para que los equipos aprendan cómo funciona y mejora Agile a medida que avanza el proyecto. Incluso un equipo que está funcionando muy bien puede beneficiarse de la existencia de un mentor Agile, ya que permite a los miembros del equipo mejorar.

Los equipos Agile también tienen la libertad de determinar qué herramientas y procesos van a seguir. Las herramientas y procesos que elijan pueden diferir de los que utilizan otros equipos de la misma empresa. La empresa puede proporcionar las herramientas; sin embargo, el equipo no tiene derecho a solicitar formación sobre cómo utilizar las herramientas y los procesos con los que eligen trabajar.

**Mejoras continuas como equipo**

Los equipos Agile necesitan reflexionar de forma regular y rutinaria sobre su desempeño para poder mejorar. Como resultado, los equipos Agile están dedicados a la mejora continua. Naturalmente, los equipos Agile no responden bien a las instrucciones y órdenes. Sin embargo, están más abiertos al coaching y la mentoría. Las reuniones retrospectivas son sesiones que se programan de forma rutinaria después de la finalización de una iteración para facilitar la mejora del equipo.

Durante esas sesiones, los miembros del equipo hablan sobre las cosas que salieron bien y mal. Luego, identifican colectivamente formas de mejorar el proceso evitando errores, para que la siguiente iteración se desarrolle sin problemas. Los grandes equipos Agile utilizan las reuniones retrospectivas en su beneficio, ya que las mejoras continuas no solo les facilitan la vida, sino que también mejoran sus habilidades y benefician a su organización.

Puede que los equipos Agile necesiten algo de tiempo para evaluar sus niveles de rendimiento óptimos sin perder de vista la sostenibilidad. Se prescribe que los equipos recién formados sean lentos al principio y aumenten gradualmente la cantidad de trabajo que realizan durante cada iteración. Además, estos incrementos en la carga de trabajo deben detenerse cuando sientan que se alcanza su capacidad máxima. La mejora continua no significa que los equipos deban asumir una mayor carga de trabajo.

En cambio, se alienta a los equipos a comprender cual es la mayor cantidad de trabajo que pueden asumir mientras mantienen la productividad. Muchos equipos que asumen cargas de trabajo más grandes experimentan agotamiento. En ese punto los miembros del equipo están sobrecargados de trabajo y demasiado estresados. Por lo tanto, la carga de trabajo que lleva a cabo un equipo Agile debe ser tal que se pueda mantener el mismo nivel de productividad durante mucho tiempo, al menos hasta que se complete el proyecto. Además, los equipos deben estar preparados para el trabajo no planificado y los eventos inesperados que puedan surgir.

## 2.5 Roles de un Equipo Agile

Agile es una metodología de gestión de proyectos creada para resolver muchos de los problemas que enfrentan las empresas y los clientes al usar métodos tradicionales de gestión de proyectos. El enfoque se centra en dividir los objetivos en productos independientes más pequeños que se pueden desarrollar y lanzar de forma incremental. El flujo de trabajo Agile requiere equipos altamente coordinados para mantenerse al día con horarios exigentes y períodos de tareas cortos. Como resultado, los roles del equipo Agile deben estar bien definidos y comprendidos por cada miembro del equipo.

### Líder de equipo (Coach de Equipo o Líder de Proyecto)

Este rol es el responsable de proporcionar coaching y orientación a un equipo Agile. El líder del equipo también tiene que obtener los recursos que el equipo necesita y eliminar cualquier factor que dañe al equipo y su desempeño. El papel del líder del equipo no implica mucha planificación, ya que todo el equipo trabaja en la planificación.

Muchos piensan erróneamente que un líder de equipo es el director de un equipo Agile; sin embargo, el rol no refleja un rango. En cambio, refleja la responsabilidad y el conocimiento que se utilizan para guiar a un equipo Agile en la dirección correcta.

### El Product Owner o Propietario del Producto

A una persona que tiene un buen sentido y visión sobre el producto final que se está desarrollando generalmente se le confía el rol de Product Owner o Propietario del Producto. A menudo es un actor clave o un ejecutivo de una empresa. El Product Owner debe guiar al equipo a través del proceso de desarrollo mientras corrige errores e inicia cambios cuando sea necesario.

En un entorno Agile, se considera que el Product Owner tiene un rol similar al del capitán de un barco. El capitán dirige el barco por la ruta correcta mientras establece el orden entre la tripulación del barco. El capitán también tiene la última palabra sobre cualquier cambio que deba realizarse a bordo del barco.

El Product Owner proporciona a un equipo orientación y dirección similares al llevar a cabo una variedad de tareas. Una de las responsabilidades más importantes de un Product Owner es definir el trabajo que se debe realizar. El Product Owner hace que los objetivos del proyecto sean claros y transparentes para un equipo mientras establece estándares en términos de la calidad del trabajo que debe entregarse.

El trabajo que realiza el equipo da forma al producto final. Sin embargo, el Product Owner es responsable de crear las tareas que llevarán al equipo allí. Un Product Owner suele ser una persona apasionada por el producto y que tiene una idea y una visión claras sobre por qué el producto debe existir. Tal individuo sabrá instantáneamente cuando el producto no se está moldeando correctamente.

Los Product Owners deben ser muy buenos comunicadores tanto con el equipo en general como con los miembros individuales del equipo. Deben mantener la claridad y transparencia en niveles altos para que todo el equipo esté en la misma línea con respecto al producto que están desarrollando. Por lo tanto, el Product Owner participa en las reuniones diarias de un equipo Agile y también puede convocar reuniones individuales ad hoc si lo considera necesario.

El Product Owner es el responsable de garantizar que el trabajo realizado por el equipo fluya sin problemas. Además, el propietario del producto debe asegurarse de que el producto final tenga la mayor calidad posible. También deben comprender la prioridad de las tareas que deben completarse en función de las circunstancias del proyecto, así como los comentarios de las partes interesadas.

El Product Owner también debe asegurarse de que el equipo pueda entregar iteraciones del proyecto de forma continua con una planificación de ciclo precisa. El objetivo final de un Product Owner es asegurarse de que el proceso de desarrollo genere valor para los clientes y otras partes interesadas para desarrollar un producto de valor. El propietario del producto debe mantener comunicaciones con el equipo de desarrollo, los usuarios finales, los socios y los ejecutivos comerciales durante todo el proyecto.

### El Team Member o Miembro de Equipo

Los trabajadores con habilidades diversas se conocen como team members o miembros del equipo. Contribuyen directamente al desarrollo de un producto. Los desarrolladores de software de front end y back end, diseñadores, redactores, arquitectos y videógrafos pueden ser miembros de un equipo en un sector en particular donde su experiencia se utiliza para desarrollar un producto. Los miembros del equipo pueden tener diferentes habilidades, pero todos son responsables de llevar a cabo el proyecto.

La mayoría de un equipo Agile está formado por miembros de equipo. Si el Product Owner es el capitán del barco, los miembros del equipo son la tripulación. Los miembros del equipo aportan una variedad de habilidades, experiencia y rasgos a un equipo Agile. Las personas que son creativas y pueden trabajar de forma autónoma suelen prosperar en entornos Agile.

Un miembro del equipo se considera un *especialista* que contribuye al desarrollo del producto. Los miembros del equipo deben trabajar de forma colaborativa e independiente. Pueden consultarse entre sí para intercambiar ideas o reunirse con el Product Owner para encontrar respuestas a cualquier pregunta que puedan tener. También deben trabajar de manera eficiente evitando distracciones.

En Agile, los miembros del equipo tienen mucha libertad para auto dirigirse y organizarse ellos mismos su trabajo. Por lo tanto, es seguro decir que la mayoría de las personas se sienten empoderadas en un entorno Agile, lo que las lleva a hacer suyo el proyecto. Esto generalmente da como resultado que las personas se desempeñen mucho mejor en comparación con los estilos tradicionales de gestión de proyectos. Agile también anima a los equipos a mejorar continuamente, y algunos de los efectos positivos también contribuyen al desarrollo personal de los miembros del equipo.

**Stakeholders o Partes Interesadas**

Es cierto que el stakeholder o parte interesada no contribuye directamente al desarrollo del producto y no siempre está involucrado. Sin embargo, las partes interesadas juegan un papel importante cuando se trata de dar forma al producto final que está siendo desarrollado por un equipo Agile. Una parte interesada puede ser un ejecutivo comercial, un usuario final, un inversor, un miembro del personal de apoyo a la producción, un auditor externo o un miembro de equipo de otro equipo.

Las partes interesadas generalmente se seleccionan en función de los aportes que pueden proporcionar o son necesarios para el buen funcionamiento de un equipo Agile. Dichos aportes suelen afectar a la dirección del proyecto. Unas partes interesadas efectivas pueden ayudar a los equipos Agile a desarrollar productos que cumplan con los objetivos comerciales y las expectativas de los usuarios finales. Además, las partes interesadas pueden, en ocasiones, abordar ciertos desafíos que experimenten los miembros del equipo.

Los representantes de los departamentos legales, clientes, expertos técnicos, gerentes de cuentas, expertos en marketing, vendedores y muchos otros profesionales pueden considerarse partes interesadas de un proyecto según su naturaleza y la naturaleza del producto. Las partes interesadas brindan información valiosa sobre el producto final y la forma en que debe usarse. Es común que las partes interesadas trabajen en colaboración con los Product Owner durante una iteración y brinden comentarios cuando se revisa el incremento del producto presentado.

### Mentor Agile

Las personas que actúan como coaches y mentores para equipos que son nuevos en Agile se conocen como Mentores Agile. Por lo tanto, un Mentor Agile debe tener una gran experiencia con proyectos Agile. También deben compartir su conocimiento con un equipo Agile proporcionando entrenamiento y mentoría en lugar de solo dar órdenes.

Los mentores son fundamentales para ayudar a los equipos de nuevos proyectos a comprender cómo funciona Agile y a alcanzar niveles de alto rendimiento. El Mentor Agile está ahí simplemente para proporcionar orientación y dirección a un equipo Agile. Él o ella no contribuirá al proceso de desarrollo. Por lo tanto, el rol de un Mentor Agile es opcional.

### Roles Adicionales Agile para Proyectos Más Grandes

Los roles anteriormente descritos son comunes en los equipos Agile. Sin embargo, algunas empresas pueden incluir más roles Agile, especialmente cuando se trabaja en proyectos más grandes y complejos. Un buen ejemplo es la inclusión de expertos técnicos y especialistas para garantizar que el equipo de desarrollo no experimente ninguna laguna en el conocimiento y la experiencia en áreas técnicas y tecnológicas.

También es común que los equipos de pruebas y auditoría se unan a equipos Agile. Estos equipos trabajan con el equipo Agile durante todo el proceso de desarrollo para brindarles asistencia con las pruebas y auditorías. Los equipos de prueba independientes son útiles cuando se prueban productos complejos donde existe una alta probabilidad de encontrar errores que los probadores del equipo Agile pueden pasar por alto. Por lo tanto, la presencia de estas personas ayuda en el proceso de desarrollo del producto.

Cuando se trata de un proyecto que involucra múltiples subsistemas que son manejados por equipos Agile independientes separados, se incorpora un Integrador para que los subsistemas se integren correctamente y en un plan sólido. El Integrador garantiza que los subsistemas se prueben correctamente e incluso podría incorporar equipos de prueba externos si surge la necesidad.

Algunos proyectos complejos pueden requerir un arquitecto experimentado. Un Architect Owner o Arquitecto Propietario se incluye en los equipos Agile para proyectos en los que el Architect Owner hace planes y se encarga de la toma de decisiones. Los roles de Architect Owner e Integrador pueden existir en el mismo proyecto si involucra múltiples subsistemas complejos.

## 2.6 ¿Cuál Es el Objetivo General de Agile?

Agile es un enfoque moderno para la gestión de proyectos que tiene como objetivo: simplificar la gestión de proyectos, evitar largas demoras y garantizar que los productos no difieran de los requisitos y expectativas del cliente. Es un enfoque flexible que permite dividir los proyectos en tareas más pequeñas y fáciles de administrar. Estas tareas se incluyen en iteraciones cortas que tienen fechas de inicio y finalización específicas. El equipo de desarrollo se centra en completar las tareas dentro de la iteración.

Al final de cada iteración, se presenta al cliente una versión funcional o utilizable del producto. Esto permite al cliente ver y utilizar versiones funcionales del producto con regularidad, especialmente a partir de una etapa muy temprana de desarrollo. Como resultado, el cliente aprueba el producto que se está construyendo regularmente. Los cambios necesarios se agregan a la siguiente iteración.

El método Agile permite a los equipos organizarse y terminar el trabajo rápidamente. También pueden responder rápidamente al cambio. Los equipos pueden reevaluar rápidamente las circunstancias actuales y ajustar el trabajo que van a hacer en un incremento en lugar de tratar de seguir un plan durante toda la fase de desarrollo del producto. La metodología Agile enseña a los equipos a aceptar el cambio en lugar de evitarlo. Como resultado, la metodología Agile ha tenido mucho éxito en proyectos con requisitos cambiantes.

Agile puede parecer una metodología compleja para cualquier persona nueva. También puede parecer difícil de manejar. Por el contrario, Agile es una de las metodologías más sencillas que existen y que facilita mucho la gestión de equipos.

Otro de los objetivos de Agile es crear un entorno donde se fomente la creatividad. Algunos proyectos pueden comenzar sin el producto final claramente definido. Estos proyectos necesitan equipos que puedan adaptarse rápidamente al cambio y proponer soluciones e ideas creativas. El enfoque Agile es muy adecuado para proyectos que implican altos niveles de cambio, creatividad e innovación.

El enfoque Agile se diseñó originalmente para el desarrollo de software. Sin embargo, ha sido adoptado con éxito por empresas de diferentes sectores, ya que los valores y principios Agile se pueden aplicar a cualquier industria. Como resultado, es común ver la metodología Agile en movimiento en sectores como educación, marketing, militar, construcción y automotriz.

Agile tiende a crear ciclos de desarrollo más cortos en lugar de limitarse a uno o muy pocos ciclos durante la fase de desarrollo del producto. Como resultado, Agile ofrece lanzamientos frecuentes. Estos ciclos más cortos ayudan a los equipos a responder fácilmente a cualquier cambio solicitado por el cliente. La gestión Agile de proyectos implica un proceso básico que incluye una variedad de actividades, como la planificación del proyecto, la creación de la hoja de ruta del producto, la planificación de lanzamientos e iteraciones, reuniones diarias, revisiones y retrospectivas.

**Planificación del Proyecto**

Un proyecto debe comenzar con un plan bien definido. Aunque Agile implica menos planificación que los enfoques tradicionales de gestión de proyectos, requiere un cierto nivel de planificación. La planificación de proyectos en Agile incluye comprender el objetivo final del proyecto, el valor del proyecto para el cliente y cómo se logrará el objetivo final.

Algunas personas también establecen un alcance de proyecto; sin embargo, es importante recordar que el alcance del proyecto está sujeto a cambios, ya que el propósito de Agile es adoptar el cambio. Por lo tanto, la probabilidad de que se agreguen o eliminen características del alcance de un proyecto es alta en Agile.

**Creación de Hoja de Ruta de Productos**

Esta actividad divide el producto final en un conjunto de características. Estas características, una vez combinadas, deben componer el producto final, ya que el equipo desarrollará cada una de esas características durante las iteraciones. Por lo tanto, si el producto final no se desglosa en las características correctas, el equipo puede enfrentar dificultades hacia el final del proyecto y presentar el riesgo de sufrir retrasos.

El Product Backlog o Pila de Producto también se desarrolla en este punto. El Product Backlog enumera todas las características que deben estar en el producto final de acuerdo con los requisitos y expectativas del cliente. Los equipos utilizan el Product Backlog para elegir las tareas que van a completar en una iteración particular. Por lo tanto, el Product Backlog debe estar completo para que no se pierda ninguna tarea o característica.

### Planificación de lanzamiento

Las metodologías tradicionales de gestión de proyectos, como el método Waterfall, solo contemplan un lanzamiento, proporcionado en la fecha de implementación. Agile, por otro lado, implica muchos ciclos de desarrollo cortos. Como resultado, las características del producto final se lanzan al final de cada ciclo. Se recomienda crear un plan para estas versiones. Los planes de lanzamiento pueden cambiar mientras el proyecto sigue su curso. Por lo tanto, se recomienda que el plan de lanzamiento se revise antes del inicio de cada iteración o ciclo de desarrollo.

### Planificación de Iteraciones

Los equipos Agile generalmente planifican lo que se va a hacer durante una iteración eligiendo tareas del Product Backlog. Luego, el equipo decide qué miembro del equipo contribuirá a cada tarea mientras se asegura de que las tareas se distribuyan de manera uniforme entre todo el equipo. Se anima a los equipos a realizar un seguimiento visual del flujo de trabajo, utilizando pizarras y métodos similares, para mantener la transparencia y la comprensión entre el equipo. La representación visual de las tareas también ayuda a los equipos a identificar y eliminar los cuellos de botella.

### Reuniones Diarias

La metodología Agile prescribe reuniones diarias donde el equipo se reúne y evalúa el trabajo que se ha completado y el trabajo que queda en la iteración actual. Luego, colectivamente hacen planifican el día mientras se aseguran de que están en el camino correcto para completar todas las tareas de la iteración a tiempo.

Se recomienda que las reuniones diarias se limiten a quince minutos. Además, no deben tener el propósito de intercambiar ideas o resolver problemas. Su propósito es simplemente revisar las tareas en curso y determinar cuánto avanzará el equipo durante el día. Los entornos Agile fomentan las reuniones diarias de pie, ya que sentarse generalmente hace que las reuniones se prolonguen.

**Revisiones y Retrospectivas**

Agile es una metodología de gestión de proyectos que tiene como objetivo reducir las posibilidades de que el producto final varíe de los requisitos y expectativas originales del cliente. Esto se logra proporcionando al cliente incrementos de trabajo del producto a lo largo de la fase de desarrollo. Cada ciclo o iteración que se completa proporciona al cliente una versión funcional del producto que puede revisar.

Por lo tanto, el cliente conoce el producto que se está desarrollando desde una etapa temprana del proceso de desarrollo y puede identificar cualquier cambio que deba realizarse. Estos cambios son más fáciles y menos costosos de realizar en comparación con la identificación de cambios al final del desarrollo. Por lo tanto, las revisiones son una parte clave del desarrollo Agile.

La metodología Agile también anima a los equipos a buscar formas de continuar con regularidad. Como resultado, las retrospectivas se llevan a cabo al final de cada iteración. Durante una retrospectiva, los miembros del equipo reflexionan sobre lo que salió bien y lo que salió mal durante la iteración. Luego, discuten cómo van a mejorar como equipo durante la próxima iteración.

## 2.7 ¿En Qué Se Diferencia Agile de Otras Metodologías?

La metodología de gestión de proyectos Agile se introdujo para resolver muchos de los desafíos experimentados en el desarrollo de software con los métodos tradicionales de gestión de proyectos. Como resultado, Agile introdujo un enfoque novedoso en comparación con muchas de esas metodologías tradicionales de gestión de proyectos, con varias diferencias entre ellas.

### Desarrollo y Pruebas Concurrentes

Agile descompone el producto final en incrementos más pequeños. Luego, el equipo trabaja en el desarrollo de cada uno de estos incrementos de producto durante las iteraciones que duran una cantidad fija de tiempo. Durante una iteración, el desarrollo y las pruebas ocurren al mismo tiempo. El desarrollo y las pruebas simultáneas permiten una mejor comunicación entre desarrolladores, probadores, gerentes y clientes.

Esta fue una diferencia importante que introdujo Agile en comparación con los métodos tradicionales, como el Modelo Waterfall o el Modelo Lineal Secuencial. El Modelo Waterfall sigue un orden secuencial en el que el equipo de desarrollo pasa a una etapa una vez completada la anterior. Como resultado, las pruebas comienzan cuando se completa el paso anterior, que generalmente es el desarrollo. Por lo tanto, el desarrollo y las pruebas no ocurren simultáneamente en el método Waterfall.

### Las Etapas se Repiten en Ciclos

Agile divide la fase de desarrollo del producto en ciclos o iteraciones. Las partes clave del desarrollo de productos, incluida la planificación, el desarrollo y las pruebas, están involucradas en cada ciclo. Una vez que se completa un ciclo, el equipo pasa al siguiente ciclo, donde se repiten los pasos clave, incluida la planificación, el desarrollo y las pruebas.

Los métodos como Waterfall, por otro lado, son estrictamente secuenciales. Se trata de ocho etapas en las que la finalización de una etapa permite al equipo pasar a la siguiente. Sin embargo, una vez que el equipo pasa a una determinada etapa tras completar otra, no puede volver atrás. Por tanto, si se descubre un cambio hacia el final del proceso, su modelo no define una forma de resolverlo.

El método Waterfall se originó y se hizo muy popular en los sectores de la construcción y la producción industrial. Los procesos en estas industrias están estructurados y los cambios suelen ser raros e inviables. Por lo tanto, los cambios no se adaptan a tales industrias. El método Waterfall es adecuado para procesos en los que hay pocas posibilidades de cambio. Dichos procesos también permiten la documentación detallada que requiere el método Waterfall.

**Experiencia y Conocimientos Previos**

El uso de métodos tradicionales de gestión de proyectos no requiere que los miembros del equipo tengan conocimientos previos. Los métodos como Waterfall son muy fáciles de seguir incluso para alguien que no ha sido parte de un proyecto Waterfall antes. En la mayoría de los casos, el método Waterfall se puede utilizar con la presencia de un director de proyecto experimentado.

Agile, por otro lado, requiere conocimientos previos. Los miembros del equipo, los clientes y los líderes de la empresa deben saber cómo funciona Agile y las cosas que se deben y no se deben hacer en un entorno Agile. La diferencia entre la forma en que se hacen las cosas en un entorno tradicional y un entorno Agile también acentúa esta necesidad de conocimiento sobre el funcionamiento Agile.

Las personas que desempeñan funciones, como líderes de equipo, product owners, miembros del equipo y stakeholders, deben comprender claramente sus funciones. También deben conocer los valores y principios Agile para que la metodología tenga éxito. Como resultado, la mayoría de las empresas que son nuevas en Agile incorporan Mentores Agile a sus equipos para que los miembros del equipo puedan ser guiados y dirigidos en la dirección correcta.

**Disciplina vs. Confianza y Libertad**

Las metodologías de gestión de proyectos, como el método Waterfall, son estrictas sobre cómo se hacen las cosas y cuándo se hacen. La disciplina se aplica con pautas estrictas sobre el enfoque en los requisitos, la documentación completa y el seguimiento estricto de la secuencia de fases independientemente del proyecto y las necesidades del cliente. Aunque el método es un enfoque bien documentado que permite a las partes interesadas y a los clientes comprender el producto, puede que no sea práctico en muchos casos.

Por ejemplo, si un equipo pasa por alto una característica importante del proyecto durante el desarrollo, que solo se descubre en la fase de prueba, no hay forma de que el equipo regrese y desarrolle esa característica. Sin embargo, puede jugar un papel clave en el producto. Hacer cumplir la disciplina no serviría en tales casos.

Agile, por otro lado, apuesta por dar a los equipos libertad para que así puedan crear un gran producto. En qué secuencia se llevan a cabo las actividades no concierne a Agile. La gerencia confía en los equipos Agile para funcionar de forma independiente y tomar las decisiones correctas para completar un producto lleno de valor.

**Evitar el Cambio vs. Abrazar el Cambio**

La forma en la que los métodos tradicionales de gestión de proyectos afrontan el cambio es su mayor inconveniente y la razón de la invención de la metodología Agile. La mayoría de los métodos tradicionales intentan evitar cambios mediante análisis, planificación y documentación exhaustivos. Esto se debe a que la mayoría de estas metodologías son lineales o secuenciales. Los equipos no pueden cambiar de fase una vez empezado el proyecto. Por lo tanto, no hay espacio para acomodar cambios en tales métodos.

Agile, por otro lado, adopta un enfoque en el que se acepta el cambio. Este enfoque consiste en ciclos de desarrollo más pequeños y regulares que producen iteraciones utilizables del producto que se está construyendo. Los evaluadores pueden probar y encontrar fallos y errores antes del final de la iteración, mientras que el cliente también tiene la oportunidad de ver el incremento del producto y proporcionar comentarios. Estas interacciones a veces dan como resultado cambios en el producto. Sin embargo, los equipos Agile tienen una filosofía en la que dichos cambios son bienvenidos, ya que aumentan el valor del producto final.

### Entrega de Software Funcional

La mayoría de las metodologías tradicionales de gestión de proyectos no entregan un producto funcional hasta el final del proyecto. Como resultado, los clientes solo tienen la oportunidad de ver el producto una vez que se ha completado. Tal enfoque solo puede funcionar cuando el cliente conoce exactamente el producto que necesita. Sin embargo, este no es el caso la mayor parte del tiempo, y esa fue una de las razones que inspiró la introducción del *Manifiesto Agile*.

La mayoría de las metodologías tradicionales de gestión de proyectos se centran en recopilar los requisitos del cliente y analizarlos al comienzo del proyecto. Entonces, estos requisitos se documentan de forma exhaustiva. El desarrollo del producto no comienza hasta que se completan todas estas etapas. Después, el cliente debe esperar mucho tiempo hasta el final del proyecto para poder ver un producto que funcione.

Sin embargo, la mayoría de los métodos tradicionales no tienen en cuenta el hecho de que los requisitos y expectativas del cliente pueden cambiar durante el proyecto. Por lo tanto, es posible que no perciban mucho valor en el producto que necesitaban al comienzo del proyecto. Por lo tanto, los métodos tradicionales de gestión de proyectos no se adaptan ni son adecuados para proyectos en los que existe una alta probabilidad de cambio de requisitos.

Agile, por otro lado, se centra en desarrollar incrementos de trabajo del producto con regularidad. Más importante aún, el desarrollo comienza pronto y el cliente puede ver lanzamientos desde una etapa temprana del proyecto sin esperar hasta el final. Como resultado, cualquier cambio que el cliente desee realizar se puede completar fácilmente en la siguiente iteración. La entrega de versiones funcionales a intervalos regulares hace que Agile sea una gran metodología para desarrollar productos con requisitos en constante cambio o si un cliente no está seguro del producto que necesita.

### Características del Equipo

Existen diferencias significativas entre los equipos en las metodologías tradicionales de gestión de proyectos y Agile. Los atributos principales son la composición de un equipo, la forma en que operan los equipos, el liderazgo del equipo y los tipos de expertos que pertenecen a un equipo entre muchos otros.

Los equipos Agile tienen muy poca estructura, mientras que la mayoría de los otros equipos están muy estructurados con miembros y roles permanentes. Los miembros del equipo Agile son intercambiables. Como resultado, el trabajo se completa más rápido. La cualidad autoorganizativa de los equipos Agile elimina la necesidad de administradores de proyectos. Sin embargo, la mayoría de las demás metodologías de gestión de proyectos requieren la orientación y la experiencia en gestión de los directores de proyectos.

Los equipos Agile no comprenden miembros de diferentes rangos dentro del equipo. Todos los miembros del equipo son tratados con el mismo nivel de respeto y el trabajo se distribuye de manera uniforme entre todos los integrantes. Otros métodos de gestión cuentan con equipos en los que los rangos están involucrados y la microgestión de equipos está presente.

Un equipo Agile está formado por todos los tipos de expertos necesarios para desarrollar un producto sin depender de nadie fuera del equipo. Sin embargo, otras metodologías de proyectos pueden centrarse en la creación de equipos basados en la experiencia. Dichos equipos reciben objetivos que sus superiores deben alcanzar. Sin embargo, los equipos Agile se organizan a sí mismos; son ellos los que eligen la carga de trabajo que van a llevar a cabo en una iteración.

La mayoría de los enfoques tradicionales de gestión de proyectos no involucran ni requieren altos niveles de coordinación de equipo. Sin embargo, Agile requiere que los equipos se coordinen lo mejor que puedan para que los objetivos se puedan cumplir de manera colaborativa. Se anima a los miembros del equipo a apoyarse entre sí mientras hacen su trabajo en un entorno Agile.

### Financiación y Riesgo

Las metodologías tradicionales de gestión de proyectos suelen considerarse seguras para gestionar proyectos de precio fijo. Los acuerdos de riesgo se firman al comienzo de dichos proyectos que dan como resultado una reducción de los riesgos. Sin embargo, cuando Agile se utiliza para proyectos de precio fijo, puede resultar estresante para la empresa, especialmente si los cambios continuos retrasan el proyecto o si la finalización del proyecto tarda más de lo estimado por la empresa. La metodología Agile funciona mejor con proyectos que tienen financiación no fija. El cliente se compromete a pagar a la empresa por sus recursos, incluso si las fechas de entrega estimadas deben extenderse, ya que lo importante es desarrollar un producto lleno de valor.

### Requisitos y Cambios

Cuando se trata de métodos de gestión de proyectos más tradicionales, los requisitos se recopilan, analizan y acuerdan al comienzo del proyecto. Esta fase suele completarse y documentarse minuciosamente antes del desarrollo del producto. Luego, los desarrolladores consultan los requisitos documentados y desarrollan el producto. Una vez finalizado el desarrollo, comienza la prueba. Finalmente, los desarrolladores corrigen los errores detectados por los evaluadores y el producto se entrega al cliente.

Si hay un malentendido durante la etapa inicial de recopilación de requisitos sobre algún requisito, el cliente solo puede averiguarlo al final del proyecto. Puede que suceda debido a errores en la comunicación. El cliente también puede cambiar de opinión sobre un determinado requisito mientras el producto está en desarrollo. Algunos cambios en el entorno empresarial también pueden hacer que determinadas funciones del producto sean menos eficaces. Sin embargo, los enfoques tradicionales de gestión de proyectos no consideran tales escenarios debido a su enfoque lineal para el desarrollo de productos.

Agile, por otro lado, requiere que el Product Owner prepare los requisitos periódicamente al recibir comentarios del cliente al final de cada iteración. Ni el equipo de desarrollo ni el cliente confían completamente en los requisitos recopilados antes de iniciar el proyecto. Los requisitos y cambios se establecen a medida que el producto se desarrolla de forma incremental.

Existen numerosas ventajas que este enfoque ofrece tanto al equipo de desarrollo como al cliente. El producto que se está desarrollando ofrece más valor al cliente. Como resultado, es probable que el cliente esté más satisfecho con el proyecto. Cualquier error en el análisis de requisitos se puede contabilizar rápidamente sin que le cueste mucho a la empresa, ya que el cliente está más involucrado en el proceso de desarrollo, lo que aumenta las posibilidades de corregir dichos errores.

# Capítulo 3: Gestión de proyectos Scrum

La metodología Agile surgió como resultado de las fallas en las metodologías de gestión de proyectos populares y prominentes. Pero la naturaleza lineal y secuencial de esas metodologías y el enfoque en la documentación eran vistas como desventajas, especialmente cuando se trataba de proyectos complejos con altas probabilidades de cambio.

La Alianza Agile presentó el *Manifiesto Agile* que declaraba cuatro valores y doce principios que tenían como objetivo cambiar la forma en que se gestionaban los proyectos en la industria del desarrollo de software.

La mayoría de los valores y principios eran diferentes de los mencionados en el Cuerpo de Conocimientos de Gestión de Proyectos (PMBOK). Hubo un mayor énfasis en la comunicación, el trabajo en equipo, la colaboración, la independencia del equipo, la entrega de software funcional en incrementos y la capacidad de adaptarse al cambio. El enfoque Agile fue también una de las primeras metodologías en aceptar el cambio, ya que era una realidad en los negocios; sin embargo, la mayoría de los métodos tradicionales consideraban que el cambio era costoso.

Scrum es un marco Agile que permite a los equipos trabajar de manera eficiente y efectiva en proyectos al unísono. Este marco lleva muchos valores y principios Agile un paso más allá, permitiendo que los equipos funcionen en un modo óptimo. El marco Scrum describe reuniones, herramientas y roles específicos que se pueden usar para ayudar a los equipos a organizar y administrar su trabajo de manera eficiente y productiva.

Los rasgos importantes del equipo, como aprender de la experiencia, trabajar en un problema de forma independiente y reflexionar sobre las victorias y las pérdidas en busca de mejoras, se destacan en Scrum. Si bien el marco Scrum inicialmente ganó una inmensa popularidad en el desarrollo de software, pronto se demostró que se aplicaba a todo tipo de equipos en todos los sectores e industrias con gran éxito. Como resultado, este marco se hizo muy popular.

Aunque Scrum es simplemente un marco Agile, a menudo se confunde con una metodología de gestión de proyectos. Además, muchas personas piensan erróneamente que Scrum y Agile son los mismos enfoques. De hecho, ciertos valores y principios Agile han sido inspirados por Scrum. Por ejemplo, el enfoque de Scrum en la mejora continua a través de un equipo regular que reflexiona sobre las ganancias y las pérdidas es uno de los principios descritos en el *Manifiesto Agile*.

Sin embargo, Scrum y Agile no son el mismo enfoque o metodología. Si bien la metodología Agile es más una mentalidad, Scrum es simplemente un marco que puede usar esa mentalidad para realizar un trabajo. Los equipos a menudo tienen dificultades para adoptar la mentalidad Agile, ya que es muy diferente de los enfoques tradicionales de gestión de proyectos. El marco Scrum es una excelente manera para que los equipos comiencen a practicar los principios Agile y desarrollen productos valiosos sin confusión.

Uno de los mayores atributos del marco Scrum es que es fácil de adoptar para los equipos. El marco se basa en el aprendizaje gradual y el ajuste a factores cambiantes. Scrum asume que un equipo no tiene experiencia en la forma de pensar Agile al comienzo de un proyecto. Permite el aprendizaje paso a paso para los equipos, lo que facilita la adaptación.

Además, el marco Scrum está estructurado de un modo en el que permite a los equipos adaptarse a los entornos empresariales cambiantes y a los requisitos de los usuarios de forma natural. La re-priorización está integrada en el proceso Scrum junto con ciclos cortos, lo que facilita que los equipos aprendan y mejoren en tales climas y proyectos empresariales.

Aunque tenga sus estructuras, Scrum no es demasiado rígido, la cual es una de las razones clave de su popularidad. El marco Scrum se puede adaptar a las necesidades de cualquier equipo, proyecto o empresa. Existen numerosas teorías de Scrum exitosas en cuanto a cómo los equipos pueden adaptar eficazmente el marco Scrum, y cualquier combinación adecuada de teorías se puede utilizar según sea necesario.

## 3.1 Scrum vs. Agile

Muchas personas e incluso empresas están confundidas cuando se trata de la relación entre Agile y Scrum. Algunos piensan que Scrum es una metodología como Agile. Algunos creen que son iguales. Si bien Agile y Scrum pueden ser similares en muchos aspectos, no son lo mismo.

Para decirlo en los términos más simples, Agile es una metodología. El *Manifiesto Agile* explica cuatro valores fundamentales y doce principios rectores que se pueden utilizar para ayudar a los equipos a abordar el desarrollo de software o el desarrollo de cualquier otro producto de manera diferente al enfoque secuencial. Por lo tanto, lo que describe el *Manifiesto Agile* es una metodología y una mentalidad o equipo.

Cuando un equipo adopta con éxito los valores y principios de Agile, puede trabajar de manera productiva y colaborativa para desarrollar el producto en pequeños incrementos mientras aumenta el valor del producto y se ocupa de los cambios a través de interacciones regulares con el cliente. Agile simplemente proporciona pautas sobre la mentalidad que puede llevar a los equipos allí. Sin embargo, Agile no proporciona pasos concretos para lograr sus valores y principios.

Scrum, por otro lado, es un marco que ayuda a los equipos a adoptar la forma Agile de pensar y hacer las cosas. Scrum proporciona pasos simples, que los equipos que no tienen mucha o ninguna experiencia Agile previa pueden seguir para acceder a la mentalidad Agile. Por lo tanto, los equipos utilizan el marco Scrum para seguir la metodología Agile.

La toma de decisiones en Scrum se basa en resultados del mundo real en lugar de suposiciones o especulaciones. Por lo tanto, las decisiones se pueden justificar fácilmente y, a menudo, tienden a ser las correctas. Además, hay muy poco desacuerdo o debate entre los miembros del equipo con respecto a la mayoría de las decisiones, ya que se basan en resultados del mundo real.

Agile enfatiza en la entrega de incrementos de trabajo del producto. Por lo tanto, la fase de desarrollo debe dividirse en ciclos más pequeños. Sin embargo, no hay una pauta clara sobre la duración exacta o ideal de una iteración en el *Manifiesto Agile*. Sin embargo, en Scrum, la fase de desarrollo se divide en ciclos cortos conocidos como sprints, que suelen durar una o dos semanas.

En el marco Scrum también hay muy poca incertidumbre. Todos los roles, responsabilidades y reuniones definidos permanecen constantes en Scrum. Por lo tanto, Scrum permite a los equipos enfocar su energía y centrarse en la imprevisibilidad necesaria mientras reduce lo innecesario.

Ser Agile como equipo es difícil. Requiere que cada miembro del equipo adopte y esté de acuerdo sobre sus valores y principios. Sin embargo, Scrum es un marco que incorpora valores y principios Agile a un equipo para que comience a pensar y practicar las enseñanzas del *Manifiesto Agile*.

Comunicación diaria. Ciclos de desarrollo cortos. Valorar el producto funcional. Lanzamientos regulares. Recibir comentarios periódicos y aceptar el cambio. Mejoras continuas mediante la reflexión regular sobre el desempeño del equipo. El marco hace que el método Agile sea alcanzable para los equipos.

## 3.2 Roles Scrum

El marco Scrum se enfoca en desarrollar productos de manera incremental con el uso de equipos pequeños y autoorganizados. Un equipo Scrum debe tener más de tres miembros y menos de nueve según la Guía Scrum. Hay tres roles de equipo clave en Scrum: Scrum Master, Product Owner y Development Team(Equipo de Desarrollo).

Un equipo Scrum debe formarse cuidadosamente para lograr las ventajas que ofrece el marco Scrum. Los equipos Scrum, al igual que los equipos Agile, deben ser multifuncionales. Significa que un equipo Scrum debe estar formado por personas que cuenten con las diferentes habilidades y experiencia requeridas para desarrollar el producto sin depender de nadie que no pertenezca al equipo.

La estructura del equipo en el marco Scrum se centra en el desarrollo de equipos pequeños, autoorganizados y multifuncionales que son flexibles, creativos y productivos. Estos equipos independientes están motivados por la confianza que se deposita en ellos para asumir la responsabilidad y realizar el trabajo. Se confía en ellos en la medida en que se comunican directamente con las partes interesadas para recibir comentarios.

### El Scrum Master

El rol responsable de guiar a los equipos para implementar el marco Scrum se llama Scrum Master. El marco Scrum es popular por ser un modo de adoptar la forma de pensar Agile. Sin embargo, los equipos requieren cierto conocimiento y orientación para seguir las pautas del marco Scrum. Algunas prácticas Scrum a menudo se malinterpretan y se confunden con otras. Algunas personas no comprenden el propósito de ciertos valores Scrum. El Scrum Master se asegura de que todos los involucrados en un proyecto Scrum, incluido el Product Owner, el Equipo de Desarrollo y las partes interesadas, cumplan con la teoría, las prácticas, las reglas y los valores Scrum.

El Scrum Master desempeña el papel de un líder servidor. La comunicación entre las entidades que no pertenecen al equipo Scrum se deja al Scrum Master. El Scrum Master debe asegurarse de que las interacciones entre dichas partes y el Equipo Scrum sean productivas y eficientes. El Scrum Master es responsable de servir a tres entidades: la empresa, el Product Owner y el Equipo de Desarrollo.

El Scrum Master sirve al Product Owner ayudando al Equipo Scrum a comprender el alcance, el área y los objetivos del proyecto. Debe ayudar al Product Owner a gestionar el Product Backlog recomendando técnicas eficaces. El Scrum Master también debe asegurarse de que el Product Owner se centre en maximizar el valor del producto con la forma en que se gestiona el Product Backlog.

El Scrum Master debe entrenar y guiar al Equipo de Desarrollo para que sea autoorganizado y multifuncional. El Scrum Master debe identificar y eliminar cualquier impedimento contra el trabajo en equipo, la productividad, la eficiencia y las prácticas Scrum. El Scrum Master también tiene que guiar al Equipo Scrum, especialmente al Equipo de Desarrollo, a través de Ceremonias Scrum, como Planificación de Sprint, Scrums Diarios, Revisiones de Sprint y Retrospectivas de Sprint.

Una empresa generalmente adopta el marco Scrum para desarrollar productos de valor agregado al tiempo que se asegura de que los proyectos no se retrasen o excedan los presupuestos. También se espera que la implementación de Scrum ayude a gestionar proyectos con requisitos cambiantes con éxito. El Scrum Master debe asegurarse de que la empresa pueda adoptar las prácticas de Scrum gradualmente sin interrumpir la productividad y la eficiencia.

**El Product Owner**

Scrum es un marco Agile que permite a los equipos adaptarse fácilmente a la forma Agile de hacer las cosas sin ninguna experiencia previa y muy poco conocimiento sobre la metodología. Por lo tanto, el Product Owner en un equipo Scrum juega un papel muy similar al de un Product Owner en un entorno Agile.

El Product Owner es el responsable de las funciones del producto que el equipo de desarrollo completa gradualmente para que el cliente pueda revisar las versiones *Terminadas* del producto al final de cada sprint. Una de las responsabilidades clave del Product Owner es el mantenimiento del Product Backlog. El Product Owner debe priorizar los elementos del Product Backlog después de consultar con las partes interesadas para que el Equipo de Desarrollo elija tareas y funciones urgentes en Sprints en lugar de elementos de baja prioridad.

Las personas que desempeñan el papel de Product Owner deben negociar qué elementos del Product Backlog se completarán en un Sprint determinado. El Equipo de Desarrollo generalmente decide qué tareas y cuáles completarán en un Sprint. El Product Owner puede negociar y acordar con el Equipo de Desarrollo incluir o eliminar elementos del Product Backlog de un sprint.

El Product Owner es igual a cualquier otro rol en un equipo Scrum en términos de rango. Muchos creen que el Product Owner desempeña un papel administrativo; sin embargo, la función está destinada a proporcionar orientación sobre el producto que está desarrollando el Equipo de Desarrollo. El Product Owner representa a las partes interesadas dentro del equipo Scrum. Por lo tanto, las partes interesadas deben respetar las decisiones que toma el Product Owner durante el desarrollo.

**El Equipo de Desarrollo**

El grupo de profesionales a quienes se confía el desarrollo del producto en un entorno Scrum es el Equipo de Desarrollo. Dado que los equipos Scrum son multifuncionales, las personas con diferentes conjuntos de habilidades y experiencia forman el Equipo de Desarrollo para completar todos los aspectos del desarrollo del producto sin depender de partes externas. Por ejemplo, un Equipo de Desarrollo que está desarrollando software puede incluir arquitectos, ingenieros de software, analistas de negocio y probadores.

El Equipo de Desarrollo trabaja en colaboración en el desarrollo de incrementos *Terminados* del producto hasta que se desarrolla el producto final. El equipo de desarrollo se organiza a sí mismo. Ellos determinan la cantidad de trabajo que van a hacer en un Sprint y qué tareas se completan durante un Sprint.

El Product Owner puede negociar con el Equipo de Desarrollo los elementos o tareas que se eligen. Sin embargo, el Product Owner no puede ordenar al equipo de desarrollo que incluya o excluya tareas o elementos en un Sprint en contra de su voluntad.

El objetivo del Equipo de Desarrollo es funcionar de manera eficiente y productiva mientras se mantiene una carga de trabajo sostenible durante todo el proyecto. Los miembros del Equipo de Desarrollo no solo deben llevar a cabo su trabajo, sino también apoyar a los miembros del equipo, ya que el éxito en Scrum se mide por lo que logra el equipo. Como resultado, cada miembro del Equipo de Desarrollo estará motivado para asumir responsabilidades y hacer su parte durante un proyecto.

No hay rangos, títulos o antigüedad dentro de un Equipo de Desarrollo. Cada miembro del equipo recibe el mismo trato, independientemente de su experiencia, salario y área de especialización. Tal igualdad promueve el trabajo en equipo y aumenta la colaboración dentro del Equipo de Desarrollo.

## 3.3 Ceremonias Scrum

Algunos de los valores y principios clave del *Manifiesto Agile* destacan la importancia de las interacciones o reuniones cara a cara entre los miembros del equipo, las partes interesadas y los clientes. Scrum es un marco Agile. Pone un enfoque similar en las reuniones para mantener una comunicación clara y eficiente durante los proyectos, evitando reuniones y medios que consuman mucho tiempo.

Las reuniones en Scrum se conocen como *ceremonias* y son uno de los elementos más importantes de este marco. El enfoque iterativo y de períodos de tiempo prefijados de Scrum utiliza varias ceremonias para mantener las prácticas Agile a lo largo de un proyecto, de modo que se desarrolle un producto altamente satisfactorio. Estos eventos planificados también tienen como objetivo aumentar la regularidad al tiempo que reducen las reuniones no planificadas que generalmente cuestan tiempo y recursos.

Además, Scrum define la duración máxima de las ceremonias dentro del marco. Esto anima a los equipos a dedicar solo la cantidad de tiempo establecida para cada ceremonia para mejorar la eficiencia. Por lo tanto, los eventos en el marco Scrum tienen duraciones fijas según el equipo y la empresa. Cada ceremonia también está destinada a ayudar a los equipos a seguir los valores y principios Agile.

### ¿Qué es un *Sprint* en Scrum?

Los Sprints son la parte más importante del marco Scrum. Son eventos de duración prefijada que idealmente deberían durar de una a cuatro semanas. Por lo tanto, un Sprint tiene una fecha de inicio y una fecha de finalización. La duración de un Sprint la determina el equipo, dependiendo de la naturaleza del producto que se está desarrollando. La duración de los Sprints suele ser la misma durante todo el proyecto.

Si se está desarrollando un producto complejo o es probable que los requisitos del producto cambien rápidamente, se recomienda que los Sprints duren una o dos semanas. Si el producto es menos complejo y es poco probable que experimente un cambio significativo, el equipo de Scrum puede optar por Sprints de tres a cuatro semanas de duración.

Sprints más largos no son convenientes, ya que los requisitos pueden cambiar durante ese tiempo. La complejidad de los cambios y el riesgo también pueden cambiar cuanto más dure un Sprint. Por lo tanto, de acuerdo con los valores y principios Agile, es mejor hacer que los Sprints sean lo más cortos posible.

Una de las ventajas clave de los Sprints es que brindan a los equipos Scrum la oportunidad de llevar un producto funcional a un cliente para recibir comentarios. Garantiza que el producto que están desarrollando esté en camino de ser la mejor versión del producto final. También garantiza que cualquier cambio que el cliente pueda necesitar se pueda completar lo antes posible, ya que los cambios tardíos suelen costar más recursos.

El final de un Sprint debería ver el lanzamiento de un incremento de producto *Terminado*. Esta versión del producto debe utilizarse para que el cliente pueda proporcionar comentarios sobre sus características y solicitar los cambios que considere oportunos. El final de un Sprint marca el comienzo del siguiente inmediatamente.

Un Sprint proporciona al equipo Scrum los objetivos en los que trabajarán durante la duración del Sprint. El marco Scrum recomienda que los equipos no cambien las tareas que se acordó completar durante un Sprint una vez que comience. Hacerlo generalmente agrega más estrés al equipo y hace más difícil mantener la calidad. También puede contribuir a problemas de sostenibilidad a largo plazo, ya que es probable que los equipos comiencen a mostrar signos de agotamiento.

La mayoría de los equipos consideran cada Sprint como un proyecto separado. Si un Sprint dura dos semanas, lo ven como un proyecto de dos semanas. Durante este tiempo, se llevan a cabo varias ceremonias Scrum. Algunas se llevan a cabo varias veces, mientras que otras solo se llevan a cabo una vez durante una etapa específica del Sprint. Estos eventos son Planificación de Sprint, Stand-Up Scrum diarios, Revisiones de Sprint y Retrospectivas de Sprint.

Un Sprint puede cancelarse por varias razones. Una de las razones más comunes es el cambio de requisitos relacionados con las tareas que se han seleccionado para un Sprint. Los cambios en la tecnología y el mercado también pueden resultar en la cancelación de Sprints.

En tales circunstancias, completar esas tareas no tiene ningún propósito para el proyecto. Por lo tanto, el Sprint se cancela y el equipo se reúne para planificar uno nuevo. El Product Owner generalmente decide si cancela un Sprint tras consultar al Scrum Master, el Equipo Scrum y las partes interesadas. Si se cancela un Sprint, sus objetivos o el Objetivo del Sprint se consideran obsoletos.

Cuando se cancela un Sprint, el Product Backlog se inspecciona a fondo para ver si el trabajo es presentable. El Product Owner aceptará el trabajo si es presentable. Cualquier artículo incompleto se volverá a colocar en el Product Backlog para ser seleccionado en un Sprint futuro.

El marco Scrum recomienda que se eviten las cancelaciones de Sprints. La cancelación de un Sprint generalmente resulta en pérdidas. También cuesta recursos adicionales reevaluar y pasar a un nuevo Sprint. Los equipos Scrum también encuentran difícil reagruparse después de la cancelación de un Sprint. Como resultado, las cancelaciones de Sprints suelen ser poco frecuentes.

**Planificación de los Sprints**

Esta ceremonia Scrum tiene lugar al comienzo de cada Sprint con la asistencia del Equipo de Desarrollo, Scrum Master y Product Owner. El marco Scrum prescribe una duración máxima de dos horas por semana en un Sprint. Por lo tanto, si la iteración dura dos semanas, la planificación del Sprint debería durar cuatro horas o menos. Si la iteración es para un mes, la planificación del Sprint debería tomar un máximo de ocho horas.

El Scrum Master tiene la responsabilidad de asegurarse de que todos los asistentes comprendan completamente el propósito de la planificación del Sprint para que la ceremonia sea altamente productiva. El Scrum Master también debe asegurarse de que la ceremonia no dure más del tiempo prescrito y de que todo transcurra sin problemas de acuerdo con las pautas Scrum.

Las planificaciones de Sprints generalmente suelen tener dos temas centrales. El primero incluye asuntos relacionados con lo que el Equipo de Desarrollo pretende completar durante el próximo Sprint. El segundo incluye cuestiones sobre cómo el Equipo de Desarrollo va a lograr esos objetivos.

**Tema Uno: Definir los Objetivos del Sprint**

La planificación del Sprint organiza el trabajo del equipo para el próximo Sprint y lo dirige por el buen camino desde el principio. El Product Owner llega a la reunión con un Product Backlog priorizado. Luego, estos elementos se analizan con el Equipo de Desarrollo. El Equipo de Desarrollo pronosticará la cantidad de trabajo del Product Backlog que completará de manera sostenible y cualitativa. El esfuerzo que se requiere para completar los elementos del Product Backlog se estima colectivamente por todo el grupo.

Factores importantes como el rendimiento en Sprints anteriores, la capacidad sostenible del Equipo de Desarrollo y el incremento más reciente se consideran al seleccionar elementos del Product Backlog para el próximo Sprint. El Equipo de Desarrollo debe realizar la mayor cantidad de trabajo posible mientras se compromete a completar el trabajo antes de la fecha de finalización programada del Sprint. Deben considerar cuidadosamente la carga de trabajo, ya que está muy prescrito que la carga de trabajo se pueda mantener durante todo el proyecto sin que los miembros del equipo empiecen a mostrar signos de agotamiento.

El Product Owner a veces conversa con el equipo de desarrollo para hacer concesiones. Si se acuerda, ciertos elementos que se hayan asumido para el Sprint en curso se transfieren de nuevo al Product Backlog. Por lo tanto, las discusiones entre el Product Owner y el Equipo de Desarrollo a menudo pueden parecer negociaciones.

**Tema Dos: Cómo Lograr los Objetivos del Sprint**

Una vez que el Equipo Scrum acuerda lo que van a completar en el próximo Sprint, se discute cómo lograrán esos Objetivos del Sprint. Los elementos que el Equipo de Desarrollo acordó completar ahora se transfieren al Sprint Backlog. Todos los elementos del Sprint Backlog deben completarse y figurar en un estado *Terminado* al final del Sprint.

Después se discute sobre cómo se completará cada elemento del Sprint Backlog. El equipo también elabora un plan para los próximos días mientras decide qué elementos del Sprint Backlog se priorizarán. El Product Owner participa en estas discusiones para brindar claridad con respecto a los elementos del backlog que se están discutiendo.

Es probable que el Equipo de Desarrollo se dé cuenta de que puede asumir más cantidad de trabajo durante el Sprint después de estas discusiones. En tal escenario, los elementos restantes del Product Backlog se examinan y se agregan al Sprint Backlog. Luego, el equipo pasa a determinar cómo se completarán esos elementos. Una vez llegados a un acuerdo, la reunión se levanta y los elementos acordados del Product Backlog se transfieren al Sprint Backlog.

**Objetivo del Sprint**

Uno o una serie de objetivos para un Sprint determinado se conoce como Objetivo de Sprint. El Objetivo del Sprint debe proporcionar una guía sobre el incremento del producto *Terminado* que se lanzará al final del Sprint. La compleción de elementos que se transfieren del Product Backlog al Sprint Backlog debería permitir que el Equipo Scrum logre el Objetivo del Sprint.

El Equipo Scrum debe identificar el Objetivo del Sprint durante la Planificación del Sprint para que los motive y proporcione la orientación necesaria durante todo el Sprint.

El Objetivo de Sprint proporciona al Equipo de Desarrollo una idea sobre el incremento *Terminado* para el que están trabajando. Por lo tanto, el Objetivo del Sprint mantiene al Equipo de Desarrollo encaminado hacia la finalización de un Sprint exitoso. Si los elementos del Sprint Backlog son diferentes del Objetivo del Sprint o no permiten que el Equipo de Desarrollo logre el Objetivo del Sprint, se renegocian y los elementos adecuados se agregan al Objetivo de Sprint después de negociar con el Product Owner.

Por ejemplo, si el Objetivo del Sprint es crear el carrito de compra de un sitio web, el Sprint Backlog debe incluir elementos relacionados con la función del carrito de compra. Sin embargo, si el Sprint Backlog tiene elementos que no contribuyen a completar el carrito de compra, el Equipo de Desarrollo debe renegociar y transferir los elementos del Product Backlog que están relacionados con la función del carrito de la compra al Sprint Backlog.

### Scrum Diarios

Las reuniones que se realizan diariamente con la asistencia del Product Owner, Scrum Master y el Equipo de Desarrollo se conocen como Scrum Diarios. Se recomienda que los Scrum Diarios se realicen al principio del día. Por lo tanto, generalmente suelen ser por las mañanas a menos que los miembros del equipo estén ubicados en diferentes zonas horarias.

Scrum recomienda que los Scrum Diarios se hagan de pie. Se desaconseja sentarse, ya que eso hace que los asistentes se pongan cómodos, lo que generalmente hace que las reuniones duren más de lo requerido. Un Scrum Diario no debe durar más de quince minutos. También es habitual realizar Scrum Diarios en el mismo lugar y a la misma hora para mantener la continuidad.

Uno de los propósitos principales de los Scrum Diarios es mejorar la comunicación, el desempeño y la colaboración entre el Equipo de Desarrollo. El Equipo de Desarrollo responde tres preguntas principales durante un Scrum Diario: "¿Qué logré ayer?", "¿En qué trabajaré hoy?" y "¿Hay algo que me impida lograrlo?".

La primera pregunta echa un vistazo al día anterior y, al mismo tiempo, le proporciona al Equipo de Desarrollo una vista de su posición en cuanto al objetivo del Sprint. Hacerlo proporciona al equipo una comprensión de lo que se debe hacer para mantenerse al día en cuanto al logro de sus objetivos como equipo.

Luego, el equipo se centra en las tareas que completarán ese día. El trabajo se divide entre los miembros del equipo de la forma más equitativa posible. Estos equipos autoorganizados hacen suyo el trabajo, lo que se traduce en una mejor productividad y eficiencia. Cualquier factor que impida que los miembros del equipo logren sus objetivos diarios también se discute en el Scrum Diario.

Los equipos trabajan de forma colaborativa para encontrar soluciones a tales obstáculos. Si algún miembro del equipo necesita ayuda, el Equipo de Desarrollo generalmente analiza las formas de brindar la ayuda necesaria. Por ejemplo, si David necesita terminar su trabajo para que Juan comience a trabajar en su tarea, el equipo puede dividir ambas tareas entre David y Juan o asignar una tarea diferente para Juan.

Los Scrum Diarios suelen ser informales. La forma en que se llevan a cabo depende del equipo de desarrollo. Algunos equipos usan debates mientras que otros usan preguntas. Depende del equipo decidir cómo realizarán los Scrum Diarios.

Por lo general, los diferentes miembros del equipo se reúnen después de la conclusión de un Scrum Diario para planificar aún más su trabajo, ya que algunos miembros del equipo pueden estar trabajando en las mismas tareas o en otras que están conectadas entre sí. El Scrum Master guía al equipo durante los Scrum Diarios y se asegura de que no duren más de quince minutos. El Scrum Master también debe asegurarse de que el equipo de desarrollo no sea interrumpido por ningún otro durante los Scrum Diarios, incluso si están invitados a la reunión del Equipo de Desarrollo.

**Revisión del Sprint**

Al final de un Sprint, el Equipo Scrum debería presentar al cliente un incremento *Terminado* del producto. Esto ocurre durante la Revisión del Sprint, donde están presentes el Equipo de Desarrollo, Scrum Master, Product Owner y las partes interesadas del proyecto. El Product Owner es el responsable de invitar a las partes interesadas necesarias a una Revisión del Sprint.

Idealmente, una Revisión de Sprint debería durar una hora o menos para un Sprint de una semana. El Scrum Master debe asegurarse de que la ceremonia no dure más de lo ideal. El Scrum Master también debe asegurarse de que todos los presentes comprendan el propósito de la Revisión del Sprint.

El Equipo de Desarrollo presenta lo que se logró durante el último Sprint al mostrar el incremento *Terminado* del producto. Las partes interesadas del proyecto, junto con el Product Owner, inspeccionan el incremento del producto y buscan desviaciones de los elementos del Product Backlog. Si se identifican tales desviaciones, se solicitan cambios. Las partes interesadas también pueden solicitar cambios si se han modificado los cambios originales o si encuentran nuevas formas de agregar valor al producto final.

Muchos Equipos Scrum y partes interesadas confunden las Revisiones de Sprint con las reuniones de estado tradicionales. Las Revisiones de Sprint en comparación con las reuniones de estado son muy informales. El énfasis está más en recibir comentarios de las partes interesadas que en presentar el estado y el progreso del proyecto. Sin embargo, la presentación se realiza para que las partes interesadas puedan aportar comentarios.

Durante la Revisión del Sprint, el Product Owner comunica informalmente a los asistentes los elementos del Product Backlog que se completaron en el Sprint. Luego, el Equipo de Desarrollo informa a los asistentes sobre cómo avanzó el Sprint, incluidos los problemas que surgieron y cómo los resolvieron.

Después, el Equipo de Desarrollo presenta el incremento *Terminado* del producto a los asistentes. Por ejemplo, si la función Carrito de la Compra se agregó al sitio web, que es el producto final del proyecto, el equipo de desarrollo presentará la función Carrito de la Compra *Terminada* a los asistentes.

Las partes interesadas y el Product Owner pueden ver que el Equipo de Desarrollo no ha completado el Resumen del Carrito de la Compra durante la presentación. Pueden solicitar que se agregue. Además, las partes interesadas pueden decir que les gustaría mostrar un nuevo tipo de impuesto en el resumen de la compra, lo que puede no ser un requisito acordado anteriormente. Ambos cambios se incluirán en el Product Backlog.

Por lo tanto, es probable que el Product Backlog cambie durante una Revisión de Sprint o como resultado de ella, y que el Product Owner agregue o elimine elementos. La Revisión del Sprint, como resultado, debe proporcionar a los asistentes, especialmente a las partes interesadas, una actualización sobre el cronograma del proyecto, el presupuesto y las capacidades del producto final.

**Retrospectiva de Sprint**

Scrum, al ser un marco Agile, anima a los equipos a mejorar a medida que pasan de un ciclo de desarrollo a otro. Los Sprints brindan a los equipos oportunidades para mejorar tanto como equipos como individuos. Las ceremonias Scrum que brindan a los equipos la oportunidad de reflexionar sobre su trabajo y mejorar se conocen como Retrospectivas de Sprint.

Las Retrospectivas de Sprint generalmente tienen lugar después de la conclusión de la Revisión de Sprint. También es habitual que la Planificación del Sprint comience una vez que finaliza la Retrospectiva del Sprint. Una Retrospectiva de Sprint no debe durar más de 45 minutos para un Sprint de una semana. Del mismo modo, no debe exceder las tres horas para un Sprint de cuatro semanas. El Scrum Master guía las Retrospectivas de Sprint y se asegura de que no excedan la duración óptima asignada.

Las Retrospectivas de Sprint son atendidas por el Scrum Master, el Equipo de Desarrollo y el Product Owner. El Scrum Master debe asegurarse de que todos los asistentes comprendan el objetivo de las Retrospectivas de Sprint y que la ceremonia sea productiva. También es importante destacar que el rol del Scrum Master es igual al de todos los demás en la ceremonia; sin embargo, él o ella guía la ceremonia.

Las Retrospectivas de Sprint son ceremonias que permiten a los equipos reflexionar sobre cómo fue el desarrollo durante un Sprint. Las actuaciones individuales, así como las herramientas y procesos, se discuten abiertamente para que los equipos puedan encontrar soluciones para evitar la repetición de errores y mejorar. El desempeño colaborativo del Equipo Scrum también se refleja en la Retrospectiva del Sprint. Cualquier solución que se identifique se practicará y aplicará en el próximo Sprint.

El marco Scrum recomienda que el Scrum Master motive al equipo a mejorar continuamente para que los próximos Sprints y los proyectos futuros se desarrollen sin problemas.

Una Retrospectiva de Sprint se aplaza una vez que el equipo ha identificado qué salió mal y qué harán en el próximo Sprint para superar esas dificultades. Sin embargo, depende del equipo decidir cuándo y si implementarán las soluciones identificadas en una Retrospectiva de Sprint, ya que la ceremonia solo tiene como objetivo brindarles una oportunidad para reflexionar y mejorar.

## 3.4 Artefactos Scrum

Una de las mayores desventajas de la gestión de proyectos tradicional era el gran énfasis que se hacía en la documentación. Agile surgió para reducir la documentación; sin embargo, todavía se recomendaba cierto nivel de documentación para mantener a los equipos y a las partes interesadas informados y sincronizados. Scrum, al ser un marco Agile, implica menos documentación. Los documentos que ayudan a la gestión del desarrollo de productos en Scrum se conocen como Artefactos Scrum.

### Pila de Producto o Product Backlog

Este documento es una lista que incluye todos los requisitos y características del producto final. Los elementos de la pila de Producto o Product Backlog se priorizan para que el Equipo de Desarrollo los pueda seleccionar en Sprints de acuerdo a su nivel de prioridad. El Product Owner es responsable de la creación y el mantenimiento del Product Backlog.

Una de las características únicas del Product Backlog es que sigue siendo un *trabajo en curso* hasta el final del proyecto. El marco Scrum abraza el cambio. Por lo tanto, cualquier cambio identificado por el Equipo Scrum o las partes interesadas se agrega al Product Backlog por el Product Owner. Tras cada cambio, la lista se vuelve a ordenar.

Es natural que el Product Backlog sea simple al comienzo de un proyecto. Solo puede incluir requisitos y características de un producto básico. Sin embargo, el Product Backlog evoluciona en paralelo al desarrollo del producto. A lo largo del camino, se agregan a la lista nuevas características, funcionalidades, requisitos, mejoras y correcciones, mientras que algunos elementos también pueden eliminarse.

Por ejemplo, cuando se trata del desarrollo de un sitio web, el Product Backlog solo puede incluir el desarrollo de los elementos básicos del sitio web. Tras finalizar el primer o segundo Sprint puede que el Product Backlog se llene con requisitos más complejos, como las páginas de producto y categoría.

Cada artículo listado en el Product Backlog debe tener una descripción, orden, estimación y valor. Estos incluyen las descripciones que están destinadas a ayudar en las pruebas. Estos elementos pueden actualizarse o eliminarse a medida que se desarrolla el producto y se reciben comentarios de las partes interesadas.

Algunas empresas pueden constar de varios equipos Scrum que trabajan en el mismo producto. Aunque varios productos se desarrollen de forma colaborativa para un mismo producto, solo se mantiene un Product Backlog. Sin embargo, los elementos se pueden agrupar para que los equipos puedan identificar fácilmente los elementos asignados a sus equipos.

Una de las actividades más importantes relacionadas con el Product Backlog es su refinamiento. El Product Owner, junto con el Equipo de Desarrollo, agrega descripciones, niveles de prioridad y estimaciones a los elementos del Product Backlog. El refinamiento del Product Backlog es una actividad continua sobre la cual los Equipos Scrum deciden y actúan colectivamente.

La Guía Scrum prescribe que se debe consumir menos del diez por ciento de la capacidad del Equipo de Desarrollo para el refinamiento del Product Backlog. Sin embargo, el Product Owner puede actualizar el Product Backlog y sus elementos en cualquier momento. El refinamiento del Product Backlog es importante, ya que el Equipo Scrum la usa para comprender el producto final que se está desarrollando.

Además, el Product Backlog se usa para sopesar el trabajo que debe realizarse para alcanzar el objetivo final del proyecto. El Product Owner se encarga del mantenimiento del Product Backlog realizando un seguimiento del trabajo completado y el trabajo pendiente. Estas actualizaciones suelen tener lugar durante las Revisiones de Sprint.

En la metodología Agile y en el marco Scrum el progreso se mide por la cantidad de trabajo que se ha completado. Por lo tanto, el progreso se determina comparando la cantidad de trabajo pendiente entre cada Sprint. Por ejemplo, si quedaban 500 horas de trabajo al final del Sprint anterior y solo quedan 450 horas para el final del Sprint actual, el Equipo Scrum puede decir que el Sprint actual logró 50 horas de trabajo.

La cantidad de trabajo que debe completarse para cerrar el proyecto se calcula de manera similar utilizando el Product Backlog. Por lo tanto, el Product Backlog actúa como un Artefacto Scrum clave y valioso para el Equipo Scrum y para las partes interesadas.

**Pila de Sprint o Sprint Backlog**

Los elementos del Product Backlog que el Equipo de Desarrollo elige completar en un Sprint se transfieren a la Pila del Sprint o Sprint Backlog. El Sprint Backlog funciona como una guía para que el Equipo Scrum logre el Objetivo del Sprint y lance un incremento de producto *Terminado* al final del Sprint. Por lo tanto, el Sprint Backlog puede verse como una previsión del incremento del producto creado por el Equipo de Desarrollo, detallando lo que se completará en el Sprint y la cantidad de trabajo necesaria para lograrlo.

El equipo de desarrollo usa el Sprint Backlog como guía para los Scrums Diarios. El equipo analiza el estado actual del trabajo mediante la evaluación del trabajo completado el día anterior y procede a hacer planes para el día. Usan el Sprint Backlog para recordar el trabajo que queda por hacer al final del Sprint.

El Sprint Backlog es un *trabajo en curso* similar al Product Backlog. Sin embargo, es el Equipo de Desarrollo el que modifica el Sprint Backlog. Cualquier elemento nuevo agregado como resultado de los cambios es agregado al Sprint Backlog por el Equipo de Desarrollo. Las estimaciones del trabajo que debe realizarse se actualizan en el Sprint Backlog todos los días para que el equipo esté al tanto del progreso que están haciendo para lograr el Objetivo del Sprint.

El Equipo de Desarrollo puede eliminar cualquier elemento del Sprint Backlog que considere innecesario. El Sprint Backlog es un Artefacto Scrum que pertenece al Equipo de Desarrollo. Los equipos lo utilizan a menudo para guiarlos hacia el logro de los Objetivos de Sprint sin perder ningún elemento del Product Backlog que se eligen para completar en un Sprint.

## 3.5 Un Ejemplo de Scrum

A Pedro se le asigna el rol de Product Owner de un proyecto que pretende desarrollar una aplicación de software. Pedro comienza su trabajo recopilando requisitos y escribiendo casos prácticos después de conversar con el cliente, otras partes interesadas y los arquitectos. Pedro continúa creando el Product Backlog para el proyecto después de completar la recopilación de requisitos y casos prácticos de alto nivel.

Pedro pide ayuda a algunos desarrolladores con más experiencia al crear el Product Backlog, especialmente para priorizar elementos y realizar estimaciones. Al final de la sesión, Peter completa el Product Backlog con todos los requisitos y casos prácticos recopilados junto con sus prioridades y estimaciones.

Ahora que los casos prácticos de alto nivel se enumeraron en el Product Backlog y se les dio prioridad, Pedro comienza a dividirlos en historias de usuarios más pequeñas. Una vez que ha analizado suficientes historias de usuarios de alto nivel, informa al Scrum Master para la primera ceremonia de planificación de Sprint.

Juan, que es el Scrum Master, informa al Equipo de Desarrollo sobre la ceremonia de Planificación del Sprint. Peter informa al Equipo de Desarrollo sobre el proyecto y continúa presentando los elementos del Product Backlog comenzando con la prioridad más alta hasta la más baja. Luego, los miembros del Equipo de Desarrollo le hacen a Pedro algunas preguntas sobre ciertos elementos del Product Backlog que Pedro aclara.

El Equipo de Desarrollo analiza su capacidad y si tienen la experiencia necesaria para completar el proyecto. Después de comprobar que tienen a los expertos en el equipo y confirmar la cantidad de trabajo que pueden completar durante el Sprint, el Equipo de Desarrollo se compromete a completar las historias 1, 3, 4, 5, 7 y 8 del Product Backlog. Los elementos 2 y 6 no se eligen porque tienen algunos requisitos técnicos que aún no se han establecido. Juan da por finalizada la ceremonia de planificación del Sprint.

Una vez que finaliza la reunión de Planificación del Sprint, Juan le pide al Equipo de Desarrollo que explique cómo pretenden completar los elementos con los que se comprometieron. El Equipo de Desarrollo crea una tabla de tareas que actúa como Sprint Backlog. Se asignan diferentes miembros del equipo para completar las tareas que están en el tablero. No se realizan otras ceremonias Scrum durante el resto del día con el Equipo de Desarrollo realizando su trabajo.

El día siguiente comienza con el Scrum Master, Juan, convocando la primera reunión Scrum Diaria. Juan pide a cada individuo del Equipo de Desarrollo que le haga saber a todos lo que han logrado hasta ahora. A medida que cada miembro del equipo proporciona información sobre el trabajo que se está realizando, Juan actualiza la Tabla de Tareas con estimaciones de las horas restantes para cada tarea.

Luego, Juan pregunta a los miembros del equipo qué planean hacer durante el día. También pregunta si algún obstáculo podría impedirles hacer su trabajo. Los miembros del equipo explican brevemente lo que pretenden lograr durante el día. La mayoría de los miembros del equipo no tienen impedimentos para lograr sus objetivos, excepto Rubén, que parece tener un problema de licencia con una de las herramientas de software que está usando.

Juan pregunta si otros miembros del Equipo de Desarrollo tienen el mismo problema. Al comprobarlo, descubre que María también tiene el mismo problema. Juan les dice que estudiará el asunto. El Scrum Diario finaliza y solo les lleva trece minutos.

Juan llama al administrador de sistemas y le informa sobre el problema de licencia que enfrentan Rubén y María. El administrador de sistemas resuelve el problema rápidamente comprando dos licencias para ellos. Al escuchar que el problema de la licencia se ha resuelto, Juan comprueba que Rubén y María están listos para seguir trabajando sin problemas.

El día siguiente comienza con todo el Equipo Scrum reuniéndose para el Scrum Diario. La reunión avanza bien con los miembros del equipo explicando los progresos realizados el día anterior, sus planes para el día siguiente y Juan actualizando la Tabla de Tareas. Este Scrum Diario solo dura diez minutos.

En unas horas, Carlos se enfrenta a un problema relacionado con una de las historias de usuario. Se dirige a Pedro, que es el Product Owner, para pedir una aclaración. Pedro le explica la historia del usuario a Carlos, quien encuentra la respuesta que estaba buscando. Puede continuar con su trabajo sin problemas.

Los diez días restantes del Sprint de dos semanas progresan sin incidentes importantes. Los Scrum Diarios se llevan a cabo con el Equipo Scrum actualizado con respecto al progreso del trabajo.

El último día del primer Sprint, Juan convoca una reunión de Revisión de Sprint. Juan también invita a Blanca, que representa al cliente para la reunión. El Equipo de Desarrollo ya preparó un ordenador con el incremento del producto *Terminado* para ser presentado en la reunión. Se presenta la última versión a los asistentes.

Pedro, junto con Blanca, sigue la presentación atentamente, y Pedro concluye que los elementos 1, 4, 5 y 7 del Product Backlog se han completado. Sin embargo, el ítem 3 no se completó a tiempo. Por lo tanto, no se incluyó en el incremento de producto que se presentó.

Además, es necesario aclarar el elemento 8, ya que le faltan algunos puntos. Blanca señala que el elemento 5 debe cambiarse ligeramente y Pedro tomar nota. Se levanta la reunión de Revisión de Sprint.

Juan convoca la ceremonia de Retrospectiva del Sprint más tarde, donde el equipo discute las cosas que salieron bien y las que no durante el Sprint. Las razones por las que no se completó el punto 3 se analizan con el equipo discutiendo formas de evitar errores similares en el futuro. Se discuten las razones detrás de la incapacidad del equipo de identificar los puntos faltantes en el elemento 8.

El Equipo de Desarrollo menciona que una de las principales razones de los problemas surgidos en el primer Sprint fue la falta de comprensión de la arquitectura del sistema. Juan le pide a Pedro que aborde este tema. Pedro responde invitando a un arquitecto de sistemas para que explique al Equipo de Desarrollo la arquitectura del sistema. La Retrospectiva de Sprint finaliza con el equipo habiendo identificado las áreas donde necesita mejorar. Pedro actualiza el Product Backlog con nuevos elementos que reunió después de tener una conversación con Blanca. Además, agrega los puntos faltantes de la historia de usuario 8 y actualiza el Product Backlog. También agrega los cambios que solicitó Blanca al punto 5.

Pedro convoca la reunión de Planificación de Sprint la mañana del día siguiente. El Equipo de Desarrollo analiza las historias de usuarios con Pedro y asume algunas de ellas bajo la guía de Juan. La reunión de Planificación del Sprint finaliza y comienza el segundo Sprint. Los Scrum Diarios se llevan a cabo durante los próximos catorce días. Los elementos asumidos por el equipo se completan sin ningún problema.

En la Revisión del Sprint, Blanca solicita algunos cambios, que Pedro actualiza en el Product Backlog. La Retrospectiva de Sprint también concluye con el equipo esperando hacer algunas mejoras menores. Pedro convoca la reunión de Planificación de Sprint para el tercer y último Sprint el mismo día. El Equipo de Desarrollo decide completar todos los elementos restantes del Product Backlog en este Sprint.

El Sprint transcurre sin problemas, con el equipo funcionando bien. Los Scrum Diarios se llevan a cabo de manera eficiente bajo la dirección de Juan, mientras que Pedro está disponible siempre que el Equipo de Desarrollo requiere alguna aclaración. El tercer y último Sprint termina con el Equipo de Desarrollo completando todas las tareas acordadas con éxito.

El producto final se presenta en la Revisión del Sprint. El cliente, Blanca, y el Product Owner, Pedro, están muy satisfechos con el producto final. Juan organiza la Retrospectiva del Sprint para identificar finalmente las lecciones que se pueden aprender del Sprint final. El proyecto está cerrado.

# Capítulo 4: El Método Kanban

Kanban, pronunciado "Kamban" en japonés, es un marco Agile que emplea la visualización para comprender mejor los procesos y flujos de trabajo y el trabajo real realizado en esos procesos. Kanban se ha vuelto popular para identificar y gestionar cuellos de botella en los flujos de trabajo para que el trabajo se desarrolle sin problemas a una velocidad óptima.

Kamban, en japonés, significa "cartel" y en chino, "letrero". Estas representaciones visuales se utilizan para indicar la "capacidad disponible para trabajar". Por lo tanto, Kanban es un marco que ayuda a administrar procesos y flujos de trabajo visualizando el trabajo. En última instancia, ayuda a que los procesos logren una eficiencia óptima y se adapten a la forma de pensar Agile.

Aunque Kanban es un marco que se originó en la industria manufacturera, se hizo muy popular en el mundo del desarrollo de software. Desde entonces, se ha utilizado en todos los sectores, especialmente en el pasado reciente. Sin embargo, se han creado muchas interpretaciones erróneas sobre Kanban a medida que ha ido ganando popularidad. Por lo tanto, es importante comprender Kanban correctamente antes de implementar el marco.

## 4.1 Kanban y Agile

Agile es una metodología de gestión de proyectos que puede considerarse una forma de pensar, donde los proyectos se dividen en porciones más pequeñas y manejables. Equipos autoorganizados y altamente motivados trabajan en esos fragmentos para ofrecer incrementos de trabajo del producto para recibir comentarios de las partes interesadas a lo largo del camino. Los equipos en entornos Agile mejoran de forma regular y continua. La metodología Agile se creó inicialmente para ser utilizada en la industria del desarrollo de software; sin embargo, ha sido adoptada por muchas otras industrias para gestionar proyectos complejos con requisitos cambiantes.

Kanban, por otro lado, es un método o un marco que está de acuerdo con los valores y principios Agile. Muchas empresas encuentran Agile algo difícil de adoptar, ya que requiere entrenamiento y orientación de alguien que tenga conocimiento y experiencia sobre la metodología. Sin embargo, Kanban es similar al marco Scrum, ya que permite a las empresas volverse Agile sin requerir mucha experiencia y conocimientos.

Por lo tanto, Kanban se puede considerar un marco Agile. Tiene muchas similitudes con Scrum, así como sutiles diferencias. Más importante aún, la filosofía central de Kanban es similar a la forma Agile de pensar, al igual que Scrum. Scrum y Kanban utilizan la representación visual del trabajo mediante el uso de una tabla física o una representación digital de un tablero Kanban. El trabajo en un proyecto Kanban o Scrum se puede dividir en tres categorías principales: el trabajo que debe realizarse, el trabajo en progreso y el trabajo que se ha completado.

El método Kanban se basa en el *Tablero Kanban*, que juega un papel vital para ayudar a los equipos a visualizar el flujo de trabajo y el progreso hacia sus objetivos finales. Los equipos pueden comprender fácilmente cómo los diferentes equipos completan las tareas mientras colaboran con el mismo resultado. Cada trabajo en diferentes etapas del desarrollo está representado en el Tablero Kanban.

La representación visual de las tareas y cómo se logran no solo aporta transparencia y claridad a los equipos, sino que también les ayuda a identificar y gestionar cuellos de botella que quizás nunca hayan identificado. El método Kanban también permite a los equipos volver a priorizar el trabajo de acuerdo con las necesidades de sus partes interesadas, lo que se traduce en una mayor satisfacción del cliente. También se anima a los equipos a colaborar y esforzarse por mejorar resolviendo los puntos débiles en sus procesos.

El método Kanban permite más flexibilidad a la hora de seleccionar las tareas que se van a completar en una iteración. Por ejemplo, durante un Sprint, Kanban no tiene un Sprint Backlog donde solo se completan las tareas que están en el mismo. Por lo tanto, los equipos que implementan Kanban pueden trabajar en tareas que se vuelvan más urgentes mientras se encuentran en medio de un ciclo de desarrollo.

El método Kanban fue aplicado por primera vez en el desarrollo de software por David J. Anderson en 2004, casi medio siglo desde sus inicios en Japón. David se inspiró en las obras de Taiichi Ohno, Edward Demmings, Eli Goldratt y muchos otros. Publicó *Kanban: Cambio Evolutivo Exitoso Para su Negocio de Tecnología* en 2010, que se considera una de las guías más completas del Método Kanban.

Kanban pronto comenzó a expandirse a otras industrias. Su enfoque en las mejoras graduales dentro de los equipos que seguían la forma de pensar Agile fue uno de los factores clave de su popularidad. Kanban se utiliza ahora en muchas industrias y sectores, incluida la tecnología de la información, las ventas y el marketing, la contratación, la dotación de personal y las adquisiciones. Los principios del Método Kanban también son tan simples y poderosos que podrían aplicarse a cualquier función comercial.

## 4.2 Los Orígenes de Kanban

El método Kanban tuvo su origen hace décadas; sin embargo, es ahora cuando está comenzando a ganar popularidad en algunas industrias. El fabricante de automóviles japonés, Toyota, comenzó a optimizar y mejorar sus procesos utilizando un modelo similar al que se usaba para apilar los estantes en los supermercados. El modelo se basa en almacenar una cantidad similar de productos en los estantes de acuerdo con la demanda del consumidor.

Se demostró que la práctica tuvo éxito, ya que los niveles de inventario coincidían con los patrones de consumo. Por lo tanto, a los supermercados les resultó más fácil administrar el inventario. Más importante aún, lograron reducir el exceso de stock en las tiendas que gestionaban. Sin embargo, todos los productos seguían estando disponibles para los clientes cuando los necesitaban.

A principios de la década de 1940, Toyota no estaba satisfecha con el nivel de eficiencia y productividad de sus empresas, especialmente en comparación con sus rivales estadounidenses. Taiichi Ohno, que era empresario e ingeniero industrial de Toyota en Japón, ideó un sistema de planificación muy simple. El sistema tenía como objetivo controlar y administrar el inventario y el trabajo en cada etapa de la producción.

El sistema se llamó Kanban. Al implementar Kanban, Toyota logró aumentar la productividad y reducir los costos relacionados con el mantenimiento de inventarios de materias primas, productos semiacabados y acabados. Kanban controla el flujo del producto desde el proveedor hasta el consumidor. Como resultado, puede ayudar a eliminar muchos problemas costosos, como la interrupción del suministro y el exceso de existencias de materiales y productos durante la fabricación.

Uno de los requisitos básicos de Kanban es el seguimiento continuo. Cualquier proceso que implemente Kanban debe ser monitoreado de cerca y de forma continua para que tenga éxito. Se debe prestar atención para identificar y evitar cuellos de botella que puedan potencialmente interrumpir el proceso de producción.

Antes de la aplicación de Kanban, Toyota se enfrentaba a enormes gastos generales relacionados con los niveles de inventario. No había una correlación sistemática entre sus niveles de inventario y la necesidad de esos materiales para la producción. Kanban introdujo un enfoque visual para superar tales problemas en los que los niveles de capacidad en la fábrica se comunicaban mediante tarjetas Kanban.

Cuando una línea de producción en la fábrica se quedaba sin tornillos y tuercas, se enviaba un Kanban al almacén con una descripción del material necesario, la cantidad necesaria y otros detalles importantes. Luego, el almacén emitiría el número exacto de tuercas y tornillos a la línea de producción mientras enviaba un Kanban a su proveedor para el mismo material y la misma cantidad. Al recibir el Kanban, el proveedor enviaría los materiales al almacén.

El sistema Kanban elimina la necesidad de que la fábrica, el almacén y el proveedor acumulen demasiado inventario. Solo necesitan tener lo suficiente para mantener la producción en marcha. Siempre que se produce un determinado artículo, se envía un Kanban solicitando la misma cantidad para que se puedan mantener los niveles óptimos de inventario para mantener el flujo de producción.

## 4.3 Principios y Filosofía Kanban

El Método Kanban prescribe varias prácticas y principios que se pueden aplicar a los equipos para mejorar la fluidez de su trabajo. Es popular por ser un método altamente no disruptivo para fomentar mejoras continuas y regulares en los procesos. Los principios y prácticas de Kanban ayudan a las empresas a lograr una mejor fluidez en sus procesos, tiempos de ciclo reducidos, mayor previsibilidad y mayor valor del producto. Por tanto, adoptar el método Kanban es una propuesta muy atractiva para muchas empresas pertenecientes a diferentes sectores.

**Principios Kanban**

El método Kanban describe varios principios que pueden ser practicados fácilmente por individuos y equipos para disfrutar de los beneficios que ofrece el método. Estos principios son muy simples y fáciles de entender. Además, es poco probable que interrumpan un proceso, lo que los hace muy fáciles de adoptar.

**Comenzar con lo que se esté haciendo ahora**

Kanban recomienda que las empresas no interrumpan la forma en que se hacen las cosas al adoptar el método. El método considera que tal interrupción es negativa y contraproducente. Los procesos actuales deben dejarse como están mientras Kanban se empiece a aplicar. Los cambios en los procesos se pueden realizar gradualmente a un ritmo con el que los equipos se sientan cómodos.

**Aspirar a perseguir cambios incrementales y evolutivos**

Hacer cambios radicales en el proceso de un equipo a menudo reduce la productividad durante un período de tiempo considerable. Como resultado, Kanban recomienda realizar cambios incrementales más pequeños. La aplicación de cambios radicales a menudo conduce a la resistencia de los equipos y empleados, lo que hace que todo el ejercicio no tenga éxito.

**Inicialmente, Respetar las Funciones, los Títulos de Trabajo y las Responsabilidades Actuales**

Metodologías como Agile y marcos como Scrum imponen cambios organizativos y cambios en la forma en que se gestiona el personal. Como resultado, muchas empresas sufren a la hora de adoptar tales metodologías y marcos. Kanban es fácil de implementar, ya que no requiere ningún cambio organizativo.

Los roles existentes, las responsabilidades y la forma en que los empleados actúan en sus roles no se modifican. Por lo tanto, los factores que contribuyen a un buen desempeño se quedan como están. La implementación de Kanban dará como resultado que los miembros del equipo implementen los cambios requeridos por ellos mismos sin la necesidad de hacerlos cumplir desde arriba.

**Fomentar Actos de Liderazgo en Todos los Niveles**

Kanban, al ser un método Agile, anima a los equipos a mejorar continuamente. El método Kanban no limita las cualidades de liderazgo a puestos o roles específicos. No es necesario tener antigüedad o un rol de gestión para convertirse en un líder cuando se aplica Kanban. Se anima a los miembros del equipo de todos los niveles a compartir sus ideas para que los equipos puedan mejorar de forma colaborativa a medida que avanzan en el trabajo.

## 4.4 Objetivo de Kanban

El Método Kanban es un sistema de gestión no disruptivo que permite mejorar los procesos mediante pequeños pasos en lugar de cambios radicales. Se utilizan muchos cambios menores para mejorar los procesos sin poner en riesgo los procesos actuales y hacer que los equipos y las partes interesadas se resistan al cambio. Los principios y prácticas en Kanban tienen como objetivo lograr un conjunto de objetivos que son altamente beneficiosos para las empresas.

**Flexibilidad en la Planificación**

Un equipo Kanban se centra en el trabajo que tenga entre manos en ese momento. No se compromete con un nuevo trabajo hasta que se complete el trabajo en curso. Tan pronto como se completa una tarea, se asume la siguiente del Product Backlog. El Product Owner gestiona el orden de prioridad del Product Backlog y cualquier cambio en el orden de prioridad no afecta cualquier trabajo que esté en progreso.

Siempre que los elementos de mayor prioridad se identifiquen con precisión, el equipo irá asumiéndolos automáticamente. Esto da como resultado equipos que ofrecen el máximo valor a la empresa sin limitarlos únicamente a iteraciones. Las iteraciones a menudo limitan a los equipos a una serie de tareas a las que se comprometen al principio del proyecto.

Por ejemplo, un equipo Scrum se compromete con varias tareas del Product Backlog que se completarán durante el Sprint. Estos elementos se agregan al Sprint Backlog. El equipo no se compromete con más elementos durante el Sprint. Sin embargo, un equipo Kanban no se limita a una determinada lista de elementos. En cambio, se centra en terminar el trabajo en cuestión. Tan pronto como se completa el trabajo, la tarea con la mayor prioridad se toma del Product Backlog. Por lo tanto, el método Kanban ofrece una mayor flexibilidad a la hora de planificar.

### Ciclos Más Cortos

Una de las métricas clave para los equipos Kanban es el Tiempo de Ciclo. Se refiere al tiempo que tarda una unidad de trabajo en viajar desde el momento en que comienza el desarrollo hasta que se envía. La optimización del tiempo del ciclo hace que el equipo sea más productivo y les permite pronosticar la rapidez con la que los productos se pueden entregar correctamente. El Método Kanban tiene como objetivo acortar el tiempo del ciclo superponiendo conjuntos de habilidades a través de tutorías y transferencias de conocimientos.

### Reducir Cuellos de Botella

Cuantos más elementos estén en progreso, más equipos necesitarán realizar múltiples tareas y más tardarán en completarse esos elementos. Como resultado, el Método Kanban se enfoca en limitar el trabajo en curso. Los límites de trabajo en curso se pueden utilizar para resaltar los cuellos de botella dentro de un proceso, así como las copias de seguridad que generalmente son causadas por la falta de personal y habilidades.

### Métricas Visuales

Uno de los valores fundamentales del Método Kanban es esforzarse continuamente por mejorar para que los equipos sean cada vez más eficientes y efectivos. Los equipos responden bien a las métricas visuales, como los gráficos, donde pueden ver mejoras visualmente y estar motivados. Los equipos Kanban utilizan diagramas de flujo acumulativos y diagramas de control como métricas visuales para identificar y eliminar cuellos de botella, lo que resulta en procesos mejorados.

**Entregas Constantes**

El método Kanban se centra en la entrega continua de incrementos de trabajo de un producto desarrollado. Por ejemplo, cuando un equipo Kanban está desarrollando el software, se concentra en crear código para un elemento en particular, probar el código y lanzar el ítem una vez que está hecho para que el cliente pueda usar la función y proporcionar comentarios.

## 4.5 Implementación de Kanban

El método Kanban ha ganado popularidad en varios sectores, ya que es fácil de aplicar a procesos y organizaciones. Describe claramente lo que se debe hacer para evitar interrupciones en los procesos y resistencias dentro de los equipos. Las seis prácticas principales explicadas en Kanban tienen como objetivo la implementación exitosa de Kanban sin crear una resistencia negativa que interrumpa el desempeño de los equipos.

El método Kanban tiene como objetivo aumentar el rendimiento del proyecto al visualizar el flujo de trabajo y al mismo tiempo alentar a los equipos a mejorar continuamente. También permite que el cliente se involucre más durante la fase de desarrollo de un proyecto, al igual que en otros marcos Agile. Sin embargo, Kanban también tiene algunas características que son diferentes de muchos marcos Agile.

La mayoría de los marcos Agile presentan iteraciones que duran un cierto período e involucran múltiples tareas. Sin embargo, un ciclo de desarrollo en Kanban es el tiempo que tarda una historia de usuario en pasar por todas las etapas del trabajo en un proceso hasta que se marca como *Terminado*. Por lo tanto, implementar el método Kanban puede resultar complicado para algunas empresas.

Es posible que se requiera paciencia y cambios graduales al implementar el método Kanban.

**Paso 1: Visualice el Flujo de Trabajo**

El primer paso fundamental para adoptar el Método Kanban es visualizar los pasos del proceso que se esté utilizando actualmente para desarrollar un producto o servicio en una empresa. La visualización de los pasos se puede realizar físicamente, con el uso de un Tablero Kanban, o digitalmente, con el uso de una herramienta digital que represente un Tablero Kanban. Los Tableros Kanban que representan diferentes procesos probablemente tendrán aspectos diferentes. Algunos pueden parecer simples, mientras que otros pueden ser muy complejos, dependiendo de los procesos que representen.

Se pueden usar diferentes tipos de tarjetas y colores para resaltar la importancia de diferentes elementos de trabajo. Los Tableros Kanban también cuentan con Swimlanes o carriles, donde cada Swimlane está dedicado a un tipo particular de elemento de trabajo. Sin embargo, el Método Kanban recomienda que las cosas se hagan de manera simple inicialmente mientras se llevan a cabo cambios graduales. Por lo tanto, un solo Swimlane puede representar todo el proceso al principio con la posibilidad de rediseñar gradualmente la representación a medida que los equipos se sientan más cómodos con la visualización de los procesos.

**Paso 2: Limitación del *Trabajo en Curso***

Esta práctica anima a los equipos a terminar las tareas que tienen entre manos antes de comprometerse con otras nuevas. Por lo tanto, el trabajo que actualmente está marcado como *Trabajo en Curso* primero debe completarse y marcarse como *Terminado* antes de comenzar un nuevo trabajo. Esta práctica da como resultado el uso eficiente de los equipos. Tienden a completar el trabajo y asumir más trabajo a un ritmo más rápido.

Es normal que los equipos tengan dificultades cuando se trata de determinar inicialmente sus límites en cuanto a la cantidad de trabajo que pueden asumir. Por lo tanto, se recomienda que

Kanban se implemente sin límites de *trabajo en curso*. Primero se observa el trabajo en curso, y los límites solo se aplican después de analizar datos sustanciales. La mayoría de los equipos suelen comenzar con un Límite de Trabajo en Curso de entre una y 1,5 veces el número de miembros del equipo que contribuyen a una etapa específica. La introducción de Límites de Trabajo en Curso en las columnas del Tablero Kanban ayuda a los miembros del equipo a terminar lo que tienen entre manos primero antes de comprometerse con un nuevo trabajo. Además, también proporciona transparencia, ya que las partes interesadas, incluido el cliente, pueden ver que la capacidad del equipo es limitada. Esto los anima a planificar sus solicitudes y gestionar sus expectativas.

**Paso 3: Administrar el Flujo**

Una vez que se implementan las dos primeras prácticas, comienza la gestión y mejora del flujo. Es una práctica difícil de implementar y también debe hacerse con cuidado. Ahora que se ha definido el flujo de trabajo y se han establecido cuidadosamente los Límites del Trabajo en Curso, debería haber un flujo de trabajo fluido dentro de esos límites o el trabajo debería comenzar a acumularse. El flujo de trabajo debe ajustarse para optimizarlo, según cómo fluya tras aplicar los dos primeros principios.

Una de las formas clave de lograr este objetivo es observar cuidadosamente el flujo de trabajo para identificar los cuellos de botella. Se debe prestar atención a las etapas de espera intermedias donde se entregan los elementos de trabajo que están marcados como *Terminados*. Reducir el tiempo que los artículos *Terminados* están estacionados en estas etapas intermedias de trabajo da como resultado la eliminación de cuellos de botella y la reducción del tiempo de ciclo.

A medida que se realizan mejoras gradualmente, los equipos comienzan a realizar el trabajo de manera más fluida y predecible. Cuando mejora la previsibilidad, es más fácil asumir compromisos con los clientes y sus solicitudes sin correr el riesgo de decepcionarlos. Mejorar la precisión de las previsiones en cuanto a los tiempos de finalización del producto es una de las principales ventajas que ofrece el método Kanban.

### Paso 4: Hacer Explícitas las Políticas de Proceso

Al igual que los procesos se visualizan explícitamente, el Método Kanban recomienda que las políticas o reglas y las pautas se hagan explícitas. Estas políticas deciden la forma en que trabajan los equipos, y la elaboración de reglas y directrices anima abiertamente a todos los que participan en esos procesos a trabajar de la misma manera. Sabrán trabajar en cualquier situación de acuerdo con las reglas y pautas acordadas.

Los procesos pueden tener diferentes políticas en diferentes niveles o etapas. Pueden existir en Swimlanes específicos o columnas específicas. Pueden incluir una lista de verificación que dicta los criterios de entrada o salida de una determinada columna. Hacer políticas inequívocas ayuda a que los procesos funcionen sin problemas y sin irregularidades. Por lo tanto, las políticas deben hacerse explícitas y representadas visualmente en el Tablero Kanban para cada Swimlane y columna.

### Paso 5: Implementar Circuitos de Retroalimentación

Cualquier buena metodología, marco o sistema pone énfasis en los circuitos de retroalimentación. El método Kanban ayuda a las organizaciones a implementar diferentes tipos de ciclos de retroalimentación. Estos incluyen la revisión de diferentes etapas en el flujo de trabajo, informes y métricas, así como pistas visuales que brindan retroalimentación sobre el flujo de trabajo que debe implementarse. La retroalimentación debe realizarse pronto, especialmente cuando las cosas no van bien, para que se puedan realizar mejoras. Los ciclos de retroalimentación son fundamentales para realizar esas mejoras y ofrecer un producto o servicio satisfactorio al cliente.

### Step 6: Mejorar Colaborativamente y Evolucionar Experimentalmente Mediante el Uso del Método Científico

El Método Kanban permite a las empresas mejorar gradualmente sus procesos y flujos de trabajo sin plantear dificultades a los involucrados en los procesos. Se fomenta el uso del método científico para realizar esas mejoras y evolucionar a través de la experimentación. Primero se forma una hipótesis, seguida de pruebas. Luego se realizan cambios de acuerdo con los resultados de esas pruebas.

Cuando se implementa el Método Kanban, es necesario que haya evaluaciones y mejoras continuas basadas en esas evaluaciones. El sistema Kanban facilita la experimentación, ya que proporciona señales para ayudar a los equipos a descubrir si un cambio los está ayudando a mejorar.

# Chapter 5: Lean Thinking

La mayoría de las empresas que han estado en funcionamiento durante algunas décadas o incluso más, aún siguen usando los mismos procesos y configuraciones que se implementaron hace décadas. Es posible que algunos procesos no se hayan modificado desde que la empresa inició sus operaciones. Muchos dueños de negocios creen que pueden usar el mismo proceso durante décadas simplemente porque funciona. Y a simple vista esto puede parecer cierto. Después de todo, ¿por qué arreglar algo que no está roto?

Sin embargo, el problema con este enfoque de seguir usando los mismos procesos de hace décadas es que el mundo de los negocios evoluciona continuamente. Puede haber casos puntuales en los que dejar los procesos como están sea la opción más inteligente. Sin embargo, en general, la mayoría de las empresas necesitan evolucionar junto con el mundo al que pertenecen.

Tomemos como ejemplo el sector hotelero. Es posible que alguien decida alojarse en un hotel sin haberlo planificado de antemano, haciendo el registro en la recepción, donde se llevará a cabo toda la recopilación de detalles, pagos, depósitos de seguridad, opiniones de clientes anteriores y quejas. Hace décadas, era una tarea exclusiva de la recepción llevar a cabo todos esos trámites. Hoy en día, la recepción aún es capaz de manejar todas esas tareas.

Incluso puede manejar una cantidad mayor de tareas mucho más rápido en comparación con años atrás. Sin embargo, la mayoría de esas tareas ya no llegan a ser tramitadas en la recepción.

La mayoría de los clientes buscan hoteles en Internet. Pueden proporcionar algunos o la mayoría de sus detalles al hacer una reserva, y también pueden pagar por adelantado electrónicamente. La mayoría de los clientes dejarán comentarios y quejas en línea después de su estadía. Por lo tanto, la recepción se ha vuelto menos importante; sin embargo, es capaz de hacer las cosas tal como las hacía hace décadas.

Imagínese que un hotel decidiera confiar únicamente en el personal de la recepción como en los viejos tiempos solo porque funciona. Imagine un hotel que no ofrece reservas, pagos, reseñas y quejas en línea en los tiempos modernos. Lo más probable es que la mayoría de los huéspedes ni siquiera conozcan el hotel.

Por lo tanto, la mayoría de las empresas necesitan evolucionar junto con el mundo, la industria, la tecnología y el comportamiento del consumidor para seguir teniendo éxito. La competencia sigue aumentando y nuevos jugadores entran en los mercados con soluciones innovadoras. Las empresas que han existido durante mucho tiempo necesitan desafiarse continuamente a sí mismas para mejorar y ajustar sus procesos.

La Gestión Lean se centra en reducir y eliminar el desperdicio. Varias industrias han utilizado las enseñanzas y filosofías Lean desde la industria manufacturera hasta la industria del desarrollo de software. Las empresas han podido aumentar la productividad, eliminar el desperdicio y mejorar la calidad utilizando la Gestión Lean. Sin embargo, el mundo empresarial aún está empezando a descubrir el verdadero valor y el poder del Pensamiento Lean y la Gestión Lean.

La Gestión Lean reduce el desperdicio y se centra en agregar valor a los productos y servicios que se están desarrollando. Por lo tanto, Lean es un conjunto de herramientas y técnicas que se pueden utilizar para reducir el desperdicio y agregar valor a diferentes procesos. Sin embargo, debe tenerse en cuenta que la definición de Lean puede variar levemente según la industria, el país, la región o incluso la empresa en la que se implementa. Por ejemplo, Lean se considera una mentalidad o una forma de pensar en lugar de un conjunto de herramientas y técnicas.

### Historia de Lean

Cuando se trata de los orígenes de Lean, mucha gente piensa en Toyota. Sin embargo, debe tenerse en cuenta que las raíces del Pensamiento Lean se remontan a la Venecia del siglo XV. El concepto de Lean fue utilizado con éxito en la fabricación por Henry Fort en 1799. Eli Whitney también introdujo el concepto innovador de piezas intercambiables el mismo año.

En 1913, Henry Ford tuvo la idea de experimentar con el flujo de producción en la aplicación de piezas intercambiables. El propósito era estandarizar el trabajo. Sin embargo, el sistema de Ford tenía un uso limitado, ya que carecía de variedad. Solo era aplicable a una especificación. Sin embargo, se había dado un paso importante.

Shiego Shingo y Taiichi Ohno, que trabajaban para Toyota, inventaron el sistema de producción Toyota en la década de 1930. Shiego Shingo y Taiichi Ohno se inspiraron en la teoría de Henry Ford sobre el flujo de producción. Los sistemas de Toyota tenían como objetivo reducir el coste de producción, mejorar la calidad de los productos y mejorar los tiempos de producción para cumplir con los requisitos dinámicos del cliente.

John Krafcik introdujo por primera vez el término "Lean" en uno de sus artículos en 1988, titulado "Triunfo del Sistema de Producción Lean". El artículo explica cómo se utilizó la producción Lean en varias plantas para lograr niveles de calidad y productividad más altos en comparación con los procesos de fabricación tradicionales.

También destacó que la tecnología que se estaba utilizando en diferentes plantas no afectó a los niveles de rendimiento. Además, Krafcik señaló que cualquier riesgo asociado con la implementación de Lean podría reducirse mediante una mejor capacitación, flexibilidad en la fuerza laboral, diseños de productos fáciles de construir, productos de alta calidad y una red eficiente de proveedores.

El Pensamiento Lean pronto se hizo popular en la industria manufacturera. Recientemente, se ha utilizado en el desarrollo de software con gran éxito. Además, Lean se ha extendido a varios sectores, incluido el cuidado de la salud, con un número creciente de empresas que comienzan a utilizar prácticas Lean.

## 5.1 Principios Lean

Lean describe cinco principios que actúan como marco para ayudar a las empresas a mejorar la eficiencia y la eficacia de sus procesos. Lean ayuda a los gerentes a identificar ineficiencias en sus procesos que no ofrecen ningún valor al cliente. El Pensamiento Lean anima a las empresas a crear mejores flujos de trabajo en los que la mejora continua forma parte de la cultura. Una empresa puede ser altamente competitiva, aumentar el valor ofrecido a los clientes, disminuir los costos de producción y aumentar las ganancias al practicar los cinco principios Lean.

**1. Definir el Valor para el Cliente**

Es importante comprender lo que es el valor para comprender el primer principio del Pensamiento Lean. El valor en el Pensamiento Lean se refiere al valor del producto por el que el cliente está dispuesto a pagar. Por lo tanto, es importante comprender los requisitos exactos del cliente. Algunas características pueden agregar valor al producto. Sin embargo, es posible que el cliente no esté dispuesto a pagar por esas funciones por diversas razones.

Es posible que el cliente no comprenda el valor de esas funciones. Es posible que no tenga el presupuesto. Independientemente del razonamiento detrás de la falta de voluntad de un cliente para pagar por una función que puede agregar valor a un producto, es importante comprender qué valoran los clientes y qué no; no hacerlo da como resultado altos costos de producción y menores ganancias.

Por ejemplo, se puede desarrollar una cámara con una función que permite al usuario cargar un video en YouTube con solo presionar un botón. Sin embargo, es posible que la mayoría de los clientes no estén dispuestos a pagar más por dicha función. Por lo tanto, agregar esa característica al producto puede no ser rentable; sin embargo, seguramente es útil y conveniente.

### 2. Mapear el Flujo de Valor

Este principio se centra en identificar las actividades que contribuyen a los valores relacionados con la definición de valor del cliente. Se considera desperdicio cualquier actividad que no contribuya a ofrecer valor al cliente. Estas actividades se dividen en dos categorías en Lean: sin valor, pero necesarias, y sin valor e innecesarias.

Una empresa debe intentar reducir el primero lo máximo posible. Sin embargo, las actividades innecesarias y sin valor deben eliminarse, ya que son puro desperdicio. La reducción de la primera categoría y la eliminación de la segunda generalmente conduce al desarrollo de un producto que coincide con el valor que el cliente está dispuesto a pagar.

### 3. Crear Flujo

La eliminación de actividades que se consideran desperdicio y la reducción de actividades que no agregan valor, pero son necesarias pueden alterar los procesos de manera diferente. Por lo tanto, es importante garantizar el flujo del resto de los pasos para que no haya retrasos o interrupciones en un proceso. Las actividades que se pueden utilizar para crear flujo incluyen la reconfiguración de los pasos de producción, el desglose de esos pasos, hacer que la carga de trabajo sea más uniforme, la creación de departamentos multifuncionales y la capacitación de empleados versátiles y con múltiples habilidades.

### 4. Establecer el Pull o Tiro

Uno de los mayores desperdicios en cualquier sistema de producción es el inventario. Este principio tiene como objetivo limitar el inventario y los artículos, y que son *trabajo en curso* para que el stock actual de materiales y recursos permanezca disponible para un flujo de trabajo fluido. Este principio anima a las empresas a desarrollar productos en el momento en el que se necesitan y en las cantidades exactas que se necesitan.

Los sistemas basados en el "Pull" o tiro, utilizan las necesidades de los clientes para dirigirlos. Se determinan las necesidades exactas del cliente y se sigue el flujo de valor hacia atrás a través del sistema de producción. Garantiza que los productos que se desarrollen satisfagan las necesidades de los clientes en lugar de desperdiciarse.

### 5. Perseguir la Perfección

La aplicación de los primeros cuatro principios reduce y elimina el desperdicio. Sin embargo, el quinto principio se considera el más importante, ya que anima a las empresas a perseguir la perfección. El Pensamiento Lean no anima a las empresas a relajarse una vez que logran un flujo fluido con un mínimo de desperdicio. En cambio, anima a las empresas a cultivar una cultura en la que los equipos busquen continuamente formas de mejorar. En ese entorno, los empleados buscan activamente la perfección en sus actividades. La empresa, sus equipos y empleados continúan aprendiendo con sus procesos, mejorando y evolucionando poco a poco cada día.

## 5.2 Los Ocho Desperdicios de Lean

Lean es una forma de pensar centrada en eliminar los desperdicios de los procesos y agregar valor a los productos. Por lo tanto, es importante comprender qué se considera desperdicio en Lean. Lean define el desperdicio como cualquier paso en un proceso que no agrega ningún valor al cliente. En pocas palabras, el desperdicio es un proceso que el cliente no encuentra útil o no está dispuesto a pagar.

### 1. Transporte

Los desperdicios producidos durante el transporte incluyen el movimiento de trabajadores, herramientas y equipos, inventario y productos más allá de lo necesario. El movimiento innecesario a menudo puede provocar daños y defectos en las herramientas, materiales y productos, lo que pone a los trabajadores en riesgo de lesiones. También resulta en trabajo innecesario, agotamiento y desgaste.

El desperdicio en el transporte se puede reducir colocando a los trabajadores que forman parte de un mismo proyecto cerca unos de otros. Los trabajadores también deben poder acceder fácilmente a los materiales y herramientas necesarios para la producción sin tener que desplazarse innecesariamente. Se debe eliminar la manipulación doble o triple de materiales. Muchas empresas utilizan la planificación adecuada de las líneas de producción, utilizando líneas de producción en forma de U, mejorando el flujo entre procesos y evitando la sobreproducción de artículos de trabajo en curso.

### 2. Inventario

Muchas empresas rara vez piensan en el exceso de inventario como desperdicio. En un sentido financiero, las compras a granel permiten que las empresas tengan derecho a descuentos, mientras que el inventario se considera un activo en contabilidad. Sin embargo, tener más inventario de la cantidad necesaria para mantener un flujo constante de trabajo generalmente conduce a varios problemas, incluidos materiales dañados, defectos del producto, mayor tiempo de entrega, gasto innecesario en inventario y problemas no identificados ocultos en el inventario.

El desperdicio de inventario puede ser muchas cosas dependiendo del negocio. En un entorno de oficina, pueden ser archivos que están esperando para trabajar en ellos o registros en una base de datos no utilizada. Las máquinas rotas, los productos terminados adicionales y los materiales adicionales que ocupan el espacio de trabajo se consideran desperdicios de inventario en la fabricación. Los desperdicios de inventario se pueden reducir comprando solo materias primas cuando sea necesario, comprando las cantidades requeridas, reduciendo los búferes y creando colas para eliminar la sobreproducción.

### 3. Movimiento

Cualquier movimiento de personas, maquinaria y equipo que se considere innecesario es movimiento desperdiciado. Incluye caminar innecesariamente, movimientos de todo tipo y movimiento físico para alcanzar a otros trabajadores, herramientas y productos. Las tareas que pueden implicar mucho movimiento pueden rediseñarse para que el movimiento innecesario se reduzca tanto como sea posible prestando mucha atención a las normas de salud y seguridad.

En un entorno de oficina, el movimiento desperdiciado incluye actividades como buscar archivos, caminar hacia un armario que almacena archivos, clics innecesarios del mouse e ingresar datos dos veces. En la fabricación, actividades como alcanzar materiales y herramientas, caminar para acceder a materiales y herramientas y reajustar componentes después de la instalación son ejemplos de movimiento desperdiciado.

El movimiento desperdiciado se puede reducir significativamente rediseñando y organizando las estaciones de trabajo, colocando adecuadamente los equipos cerca de los trabajadores que los necesitan y colocando los materiales en posiciones ergonómicas para que no sea necesario alcanzarlos.

### 4. Espera

Cualquier espera innecesaria se considera un desperdicio. Incluye a los trabajadores que esperan materias primas y equipos, maquinaria y equipos que están inactivos y trabajadores que esperan que otros trabajadores terminen el trabajo. Las estaciones de producción desniveladas y las fallas en los procesos a menudo causan tales desperdicios. En un entorno de oficina, la espera de desperdicio puede ocurrir mientras los trabajadores esperan los correos electrónicos de sus compañeros de trabajo, mientras los trabajadores esperan que se revisen los archivos y el tiempo perdido en reuniones ineficaces e innecesariamente largas. El desperdicio de la espera se puede reducir rediseñando los procesos para que haya un flujo continuo, igualando las cargas de trabajo al estandarizar las instrucciones de trabajo y el desarrollo de trabajadores polivalentes que puedan adaptarse rápidamente a las demandas del trabajo.

### 5. Sobreproducción

Cuando un producto o parte de un producto se desarrolla antes de que sea necesario, el resultado es un desperdicio de sobreproducción. Las empresas a menudo se ven tentadas a producir productos adicionales para que estén disponibles cuando sea necesario. Pueden verlo como beneficioso, ya que los trabajadores y la maquinaria rara vez se dejan inactivos.

Ese tipo de producción es causado por el pensamiento "por si acaso", que es lo opuesto al Pensamiento Lean. La sobreproducción da como resultado un aumento en los costos de almacenamiento, los defectos no se identifican debido a la gran cantidad de trabajo en curso, lo que impide un flujo de trabajo fluido y un mayor tiempo de entrega.

En un entorno de oficina, hacer copias adicionales de archivos, la creación de informes que no sirven a un propósito o no interesan a otros, proporcionar información y detalles innecesarios y hacer un servicio disponible antes de que el cliente esté listo son desperdicios de sobreproducción. Asegurarse de que la tasa de fabricación sea uniforme entre estaciones (flujo de una sola pieza o fabricación de lotes pequeños) y el uso del método Kanban para controlar el trabajo en curso generalmente puede reducir el desperdicio de sobreproducción.

### 6. Sobreprocesamiento

Hacer más trabajo del necesario, agregar componentes innecesarios a los productos y agregar características y pasos en un producto que no son requeridos por el cliente se considera desperdicio de sobreprocesamiento. En la fabricación, el uso de equipos que son innecesariamente costosos, el uso de piezas que tienen capacidades más allá de los requisitos, el análisis innecesario y el reajuste de componentes después de que ya se hayan ajustado son algunos ejemplos de desperdicio de sobreprocesamiento. En un entorno de oficina, la creación de informes con demasiados detalles, los procesos que implican demasiados pasos, el hecho de que personas innecesarias firmen determinados documentos y los formularios innecesarios son ejemplos de desperdicio de sobreprocesamiento.

El desperdicio de sobreprocesamiento se puede reducir al considerar los requisitos de trabajo desde el punto de vista del cliente. El cliente debe tener en cuenta todo ello al diseñar y ajustar procesos y flujos de trabajo. También se debe alentar a los trabajadores a reflexionar sobre si el cliente vería valor en cada una de sus acciones y si el cliente está dispuesto a pagar por su trabajo.

### 7. Defectos

Los productos que no son aptos para su uso se conocen como defectos. Los defectos generalmente se reelaboran o se desechan. El reprocesamiento da como resultado un desperdicio considerable, ya que se requieren recursos adicionales para llevar un producto a un estado utilizable. Desechar un producto resulta en la pérdida total de tiempo y recursos invertidos en ese producto. Por tanto, ambos resultados son un desperdicio, ya que no aportan ningún valor al cliente.

Los defectos se pueden contrarrestar identificando los defectos comunes en un proceso y abordando esos problemas. Rediseñar los procesos para que no creen productos con anomalías es una de las mejores formas de eliminar defectos. Sin embargo, siempre existe la posibilidad de que se desarrolle un producto defectuoso; por lo tanto, los procesos deben mejorarse para que dichos productos se identifiquen antes de que lleguen al cliente final.

### 8. Habilidades, el Octavo Desperdicio

El octavo desperdicio definido en Lean no era parte del sistema de producción de Toyota. El octavo desperdicio describe el talento humano no utilizado y mal utilizado. Este tipo de desperdicio suele ocurrir cuando las empresas separan la gestión de los procesos de los trabajadores reales. Los gerentes son responsables de la planificación, el control, la organización y la innovación. Mientras tanto, los empleados deben seguir las órdenes y hacer el trabajo que los gerentes planifican y organizan.

En tales circunstancias, se desperdician la experiencia y el conocimiento de los trabajadores de primera línea y se pierden las oportunidades para mejorar los procesos. Las personas que realmente hacen el trabajo a menudo tienen una mejor comprensión de los procesos implementados y de cómo se pueden lograr. Por lo tanto, es necesario alentarlos a que presenten soluciones y formas de mejorar los procesos en una empresa en lugar de limitarlos a "trabajar".

En las oficinas, los incentivos deficientes, la capacitación y el entrenamiento insuficientes, ignorar los comentarios de los empleados y colocar a los empleados en roles por debajo de sus cualificaciones, habilidades y experiencia generalmente resultan en el desperdicio de habilidades. En la fabricación, las habilidades se desperdician cuando los trabajadores no reciben la capacitación adecuada para operar maquinaria y equipo, no se les proporcionan herramientas adecuadas para realizar un determinado trabajo, y cuando los trabajadores no tienen el nivel de desafío suficiente para mejorar y proponer ideas nuevas para mejorar los procesos.

## 5.3 Gestión Lean

El Pensamiento Lean se está volviendo cada vez más popular entre empresas pertenecientes a diversos sectores. Como resultado, hay muchas historias de éxito en las que la implementación de Lean ha ayudado a las empresas a reducir el desperdicio y aumentar las ganancias mientras mejora continuamente sus procesos.

**FedEx Express**

Esta empresa es conocida en todo el mundo por entregar paquetes y correo aéreo. La compañía mantiene una flota considerable de aviones y barcos que ayudan a transportar carga por todo el mundo. El mantenimiento de aeronaves es una de las principales operaciones de FedEx Express que cuesta recursos y espacio.

La recesión mundial de 2008 obligó a FedEx Express a recurrir al Pensamiento Lean en un intento por ahorrar dinero durante esos tiempos difíciles. El intento por reducir el desperdicio y las mejoras continuas puedo haber influido en la decisión de adoptar el Pensamiento Lean.

Antes de implementar la Gestión Lean, las instalaciones de FedEx en el Aeropuerto Internacional de Los Ángeles (LAX) lograron completar catorce C-Checks por año. Los C-Checks son un tipo de controles de mantenimiento de aeronaves. Después de implementar los principios Lean, el equipo de mantenimiento de la misma instalación logró completar treinta C-Checks por año. Antes de la adopción de Lean, el equipo de FedEx necesitaba alrededor de 32.000 horas de trabajo para completar un solo C-Check. Sin embargo, la adopción de las Prácticas Lean redujo este tiempo de manera significativa, y el equipo solo necesitó un promedio de 21,000 horas de trabajo por C-Check.

Una de las razones clave detrás de los cambios drásticos fue la identificación de hitos. El equipo identificó 68 hitos que debían completarse para completar con éxito un C-Check. Hacerlo les permitió hacer que el flujo de trabajo fuera más fluido y reducir considerablemente el desperdicio.

**Nike**

La marca de moda deportiva es una de las empresas más populares que se beneficia de la implementación del Pensamiento Lean. Nike se ha beneficiado al adoptar la Gestión Lean y continúa alcanzando nuevos niveles de productividad y reducción de desperdicios año tras año gracias a ello.

El año 2012 fue un año especial para Nike, ya que lanzó su primer Resumen de Desempeño Empresarial Sostenible para el año fiscal 10-11. Fue el primer Índice de Fabricación publicado por la marca. El año fiscal 10-11 introdujo varios estándares de calidad que se pondrían en práctica en las numerosas fábricas de Nike ubicadas en todo el mundo.

Estas políticas y pautas explícitas aumentaron la coherencia entre las diferentes fábricas al tiempo que redujeron las fallas de comunicación y los malentendidos comunes antes del inicio del año fiscal 10-11. Establecer expectativas claras aportó coherencia a los procesos de Nike en todas las fábricas y aumentó el rendimiento general y la calidad de sus procesos. Además, las emisiones de $CO_2$ de las fábricas se redujeron en un seis por ciento, mientras que la producción aumentó en un veinte por ciento.

## 5.4 Lean y Agile

Tanto Agile como Lean son métodos flexibles que se centran en ayudar a los equipos a desarrollar productos de alta calidad de forma sostenible mientras se realizan mejoras graduales. Ambos métodos enfatizan en la importancia de proporcionar productos de alto valor para los clientes entregados en iteraciones cortas en lugar de un ciclo de desarrollo único y largo.

Agile y Lean comparten numerosos valores y principios. Sin embargo, Agile y Lean no son lo mismo; aunque muchas personas creen erróneamente que lo son. Por lo tanto, algunos equipos que practican Agile o Lean no tienen una comprensión clara de las similitudes y diferencias entre ambos.

Agile o Lean pueden considerarse una buena influencia; sin embargo, son más beneficiosos cuando se implementan de manera integral. No comprenderlos a menudo conduce a implementaciones fallidas que no producen los resultados que muchas empresas esperan lograr.

**Actitud ante Velocidad e Iteración**

Los equipos Agile tienen como objetivo entregar software funcional a intervalos regulares. Estos lanzamientos suelen comenzar cuando el desarrollo se encuentra en una etapa temprana. Los lanzamientos tempranos y regulares permiten a los equipos utilizar comentarios valiosos de los clientes y adaptarse a los cambios con facilidad.

La Gestión Lean también tiene un principio similar en el que se alienta a los equipos a entregar resultados rápidamente. Cuanto más rápido un equipo pueda ofrecer valor a sus clientes, más rápido recibirán sus comentarios. La diferencia entre los principios Agile y Lean es que en Lean, los equipos aumentan la velocidad de entrega al limitar los elementos de trabajo en curso. Sin embargo, en Agile, los equipos confían en ciclos de desarrollo más cortos para ofrecer incrementos de productos de trabajo rápidamente.

**El Cliente es lo Primero**

Ambos, Lean y Agile, animan a los equipos a centrarse en la satisfacción del cliente como uno de sus objetivos principales. Los equipos Agile garantizan la satisfacción del cliente iniciando un diálogo temprano y continuo con los clientes y facilitando cambios que agreguen valor a los productos que se estén desarrollando. Los clientes están más involucrados en el proceso de desarrollo y generalmente terminan recibiendo un producto de gran valor.

Los equipos Lean se enfocan en el cliente brindándole lo que está dispuesto a pagar. Lean considera cualquier cosa que el cliente no esté dispuesto a pagar como desperdicio. Por lo tanto, es probable que los clientes obtengan exactamente lo que piden en lugar de productos a los que les faltan características o características adicionales que no encuentran útiles.

**Rol de la Disciplina**

Agile recomienda equipos y roles más estructurados en comparación con Lean. Agile se basa en roles definidos, diversas técnicas de estimación, revisiones sistemáticas y muchas otras prácticas de gestión de proyectos. La naturaleza disciplinada de los procesos Agile permite a los equipos desarrollar productos más rápido y adoptar bien el cambio.

Lean se basa en la disciplina, pero de una manera diferente. El Pensamiento Lean tiene éxito cuando se convierte en parte de la cultura de una empresa. Lean no requiere que los equipos mantengan reglas y expectativas externas. Se trata más de que cada individuo y equipo defienda los principios Lean al unísono.

# Conclusión

Las metodologías tradicionales de gestión de proyectos que existían en los albores del siglo XXI eran lineales y secuenciales. Estos atributos daban como resultado que los proyectos se retrasaran, mientras que los equipos se veían obligados a lidiar con los cambios identificados posteriormente. La Alianza Agile que se reunió en una estación de esquí en Utah en 2001 publicó el *Manifiesto Agile* que describía cuatro valores y doce principios destinados a resolver los problemas que enfrentaba la industria del desarrollo de software en ese momento.

Los valores y principios Agile se centraban en equipos pequeños, autoorganizados y multifuncionales que trabajaban en pequeños incrementos de productos que permitían a los clientes participar más durante la fase de desarrollo de un proyecto. A los clientes se les proporcionarían incrementos de productos funcionales desde una etapa temprana de desarrollo. Cada incremento regular daría a los clientes la oportunidad de proporcionar comentarios y solicitar cambios.

La filosofía Agile recomienda que los equipos adopten el cambio en lugar de evitarlo. El cambio es inevitable en muchos proyectos debido a fallas en la recopilación y análisis de requisitos y las necesidades de los clientes y del mercado en rápida evolución.

Como resultado, una metodología que puede responder al cambio de manera positiva fue bien recibida por la industria de desarrollo de software. Agile pronto se hizo muy popular en las empresas tecnológicas mientras se extendía a otras industrias, desde la atención médica y la construcción hasta el marketing y las ventas.

Si bien muchas empresas se dieron cuenta de los beneficios que ofrecía la metodología Agile, una de las principales razones para adoptar Agile fue la necesidad de experiencia y conocimiento. Los principios y valores Agile eran difíciles de comprender para los equipos, especialmente para aquellos que habían seguido los enfoques tradicionales de gestión de proyectos durante años. Como resultado, surgió la necesidad de marcos Agile con pasos y pautas claros.

Scrum es un marco Agile que permitió a las organizaciones adoptar la metodología Agile sin necesidad de experiencia y conocimientos previos. Scrum proporcionó pautas claras sobre cómo formar equipos, roles y responsabilidades específicas del equipo, tipos de reuniones o ceremonias que ayudarían a practicar los valores y principios Agile, y varios artefactos Scrum para guiar la documentación para dirigir equipos hacia los objetivos del proyecto.

Kanban es un método que involucró la visualización de flujos de trabajo y procesos con el uso de Tableros Kanban. El concepto se originó en las factorías del fabricante de automóviles japonés Toyota, mientras que el Método Kanban se introdujo más tarde para que empresas de diferentes industrias pudieran utilizarlo para mejorar el rendimiento del equipo con la visualización de procesos y flujos de trabajo. El Método Kanban tiene muchas similitudes con la metodología Agile, incluido el esfuerzo por lograr mejoras continuas dentro de los equipos y procesos, entre muchos otros.

El Pensamiento Lean es otro enfoque que tiene muchas similitudes con los valores y principios descritos en la forma Agile de hacer las cosas. Sin embargo, Lean y Agile no son la misma metodología o enfoque. Lean se centra en lograr una productividad y un valor del producto óptimos reduciendo y eliminando el desperdicio en los procesos. Lean identifica ocho tipos de desperdicio junto con cinco principios que guían a los equipos para reducir y eliminar desperdicios mientras realizan mejoras graduales en la forma en que trabajan de manera continua.

La metodología Agile ha ayudado a muchos equipos a lograr los objetivos del proyecto a través de una verdadera colaboración. Su apertura al cambio la ha convertido en una de las mejores metodologías para proyectos con requisitos variables y necesidades cambiantes. Scrum es un marco que guía a los equipos que están dispuestos a adoptar valores y principios Agile. Del mismo modo, Kanban y Lean son métodos que pueden garantizar un flujo fluido de procesos al tiempo que eliminan el desperdicio y los cuellos de botella.

Todas estas metodologías, marcos y enfoques ofrecen diversas ventajas y desventajas para las empresas. Algunos de ellos pueden ser más o menos adecuados para empresas, equipos y proyectos. Por lo tanto, es importante comprender claramente sus valores y prácticas, de modo que se pueda elegir la mejor metodología o marco para administrar un proyecto.

# Segunda Parte: Scrum

*Lo que necesita saber sobre esta metodología ágil para la gestión de proyectos*

# Introducción

Trabajar con Scrum puede llevar al éxito de su proyecto a nuevas alturas. Muchos gerentes de proyecto se preguntan si realmente es posible hacer más con menos. Puede que usted tenga las mismas preguntas corriendo por su mente. ¿Es realmente posible terminar los proyectos con menos recursos? ¿Es realmente posible hacer proyectos más manejables, más eficientes y más divertidos, con una única metodología de proyecto? La respuesta es: sí, sí y... Sí. En los diversos proyectos en los que me embarqué como director de proyecto o como miembro de un equipo, una cosa se hizo evidente: la metodología empleada por una organización tiene un impacto inmediato en los esfuerzos y resultados del equipo.

Como gerente de proyecto o aspirante a gerente de proyecto, su éxito es el éxito de su equipo; y viceversa. Nunca he visto a un profesional que no quisiera formar parte de un equipo de alto rendimiento y compartir sus triunfos. Los profesionales que alguna vez formaron parte de un equipo altamente eficiente y de alto rendimiento pueden identificarse con esto. En tales equipos, la energía colectiva es inmensa, lo que conduce a mejoras constantes en los productos en desarrollo. Los resultados sorprendentes no solo "caen del cielo", sino que son todos causa y efecto. Y si la causa y el efecto no se gestionan y canalizan adecuadamente, pueden retrasar o incluso bloquear el éxito

Sin duda, un equipo que sobresale en la cooperación, un equipo que fluye, es aquel que logra tremendos resultados con menos esfuerzo. Pero un equipo por sí solo no es suficiente en el mundo en continuo desarrollo en el que vivimos. Un equipo sin las herramientas, técnicas y el marco para tratar adecuadamente este dinamismo, es como un barco sin timón.

Afortunadamente, muchos visionarios, gerentes de proyectos y empresarios se han dado cuenta de que la forma tradicional de trabajar no es adecuada para las necesidades de hoy en día. Por lo tanto, han desarrollado nuevas formas innovadoras de abordar los proyectos de principio a fin, llamadas *metodologías ágiles*. Muchas empresas líderes, como Microsoft, Apple y Amazon, utilizan un enfoque ágil para abordar sus proyectos adecuadamente. Estas grandes empresas tecnológicas son conscientes de que los continuos desarrollos tecnológicos hacen necesario— quizás casi vital— un enfoque más flexible para manejar los proyectos y poder sobrevivir. Hay varias metodologías ágiles presentes hoy en día, como Scrum, Kanban y XP. Scrum es el método o marco de trabajo más popular, y este libro dejará en claro cómo puede implementarlo en su organización o empresa para lograr un amplio margen de éxito en el proyecto.

Con Scrum, se le da un marco con el que puede desarrollar varios productos que forman parte de un proyecto. El marco y la metodología de Scrum comenzaron siendo utilizados para proyectos de IT exclusivamente. Hoy en día, las cosas son diferentes. Scrum se utiliza para todo tipo de proyectos: desde transporte hasta agricultura y proyectos de ingeniería. ¿No es increíble? Por lo tanto, estoy convencido de que aprender sobre Scrum será de gran utilidad para usted y su equipo, no importa en qué campo se encuentre.

El enfoque de Scrum hace que los competidores que utilizan métodos tradicionales parezcan caracoles, luchando día tras día para hacer avanzar el proyecto más rápidamente. Al asumir los proyectos de forma reiterativa, se optimiza la previsibilidad de los resultados, se mitigan los riesgos—o a veces incluso se eliminan—y se hace más eficiente a usted y a su equipo. Todo esto está en línea con los tres pilares principales en los que se basa Scrum, es decir, la transparencia, la inspección y el ajuste/adaptación.

En este libro, profundizamos en la forma más actualizada de implementar el Scrum. Eso puede sonar abrumador, pero no se asuste. Simplificaré las cosas tanto como sea posible y cubriré los aspectos y procesos esenciales de Scrum de una manera fácil de entender, incluso para los principiantes. Y no se preocupe, este libro también incluye algunos aspectos más avanzados de Scrum para los gerentes de proyectos más experimentados.

Con mi experiencia en la gestión de diferentes equipos en varias industrias, me he enfrentado a muchos fracasos y contratiempos en mi trabajo como director de proyectos. La verdad es que no soy un gerente "nato" para nada. Pero con trabajo duro, con consistencia y determinación, me he distinguido de la mayoría de los jefes de proyecto. Hacerlo era imposible sin el uso de Scrum.

Quiero ayudar a otros a hacer lo mismo. Por lo tanto, me propuse escribir este libro sin rodeos, pero con información precisa y práctica. Información que se puede aplicar desde el principio para ayudarle a avanzar como gerente de proyectos. Además, el libro incluirá varios ejemplos, consejos de expertos y estudios de casos reales para dar una imagen más precisa de la realidad que rodea a Scrum.

En la primera sección de este libro, comenzamos dando una explicación detallada sobre cómo puede comenzar con Scrum. Explicamos qué es y por qué lo necesita. La segunda sección describe el proceso de Scrum de principio a fin. Aprenderá sobre los equipos de Scrum, cómo descomponer un proyecto en Scrum, los artefactos de Scrum y mucho más. En la tercera sección, les entrego las herramientas de Scrum necesarias, consejos y otros elementos esenciales para que sus proyectos tengan éxito. Esto se hace mirando las métricas de Scrum, cómo sobresalir en un rol específico de Scrum, errores comunes y herramientas de software que puedes usar.

Entonces, ¿qué está esperando? ¡Lea y apártese de la multitud!

# Capítulo 1: Gestión del Proyecto: Pasado y Presente

Cada innovación tiene su historia. Lo mismo ocurre con las metodologías para gestionar proyectos. Hoy en día, más organizaciones adoptan lo que llamamos *metodologías ágiles* para la gestión de proyectos. Cuando le pides a alguien que describa el término *ágil*, es probable que obtenga múltiples respuestas diferentes. Por lo tanto, es útil echar un vistazo a los orígenes de esta forma ágil de trabajar. Eso es precisamente lo que haremos en este capítulo. Además, aprenderá más acerca de varios conceptos relacionados con los ágiles, sus componentes, sus múltiples beneficios y mucho más.

## Los Orígenes de las Metodologías Ágiles

Antes de que las organizaciones practicaran las metodologías ágiles, empleaban el llamado "método en cascada" para llevar a cabo los proyectos. Winston Royce mencionó por primera vez este método en cascada en su artículo, *Gestión del desarrollo de grandes sistemas de software*, que publicó en 1970. Royce propuso un diagrama para el desarrollo de software, similar al que se ve a continuación:

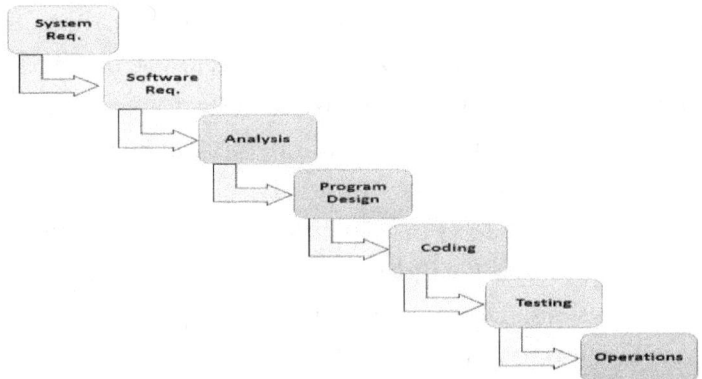

En el gráfico, se ven las diversas fases del desarrollo del software. Empezando con los requisitos del sistema y los requisitos del software, fue posible llegar a un análisis. Después, fue posible diseñar el programa basado en este análisis. Cuando el diseño estaba listo, era el momento de empezar a codificar y probar el software. Finalmente, el software iría a operaciones y sería utilizado. Como se ve, cada fase fluye en una nueva, sin volver a una fase anterior, similar a una cascada. Lo que encontré particularmente interesante de notar es que el mismo Royce no veía este método como óptimo. Esto se hizo evidente en su trabajo cuando describió un enfoque más repetitivo y paso a paso para atravesar estas fases (es decir, ágil).

Hay una razón por la que el método pasa por las fases como una cascada. Recuerden que, en los años 50 y 60, ¡los ordenadores eran tan grandes como una casa! Tenían varias partes intrincadas con las que era difícil trabajar y necesitaban profesionales para cambiar cualquiera de estas partes. Estas computadoras eran muy complejas y consumían mucho tiempo para desarrollarlas. Por lo tanto, el método en cascada se introdujo para hacer frente a este esfuerzo. Hay numerosos desafíos involucrados en la práctica de este método. En el método en cascada, hay personas especializadas por fase. Piense en los analistas de negocios, arquitectos y diseñadores, desarrolladores, especialistas en control de calidad y especialistas en infraestructura que hicieron el despliegue. El problema es la brecha entre estas actividades y la necesidad de transferir información entre estas fases. Se desarrolló mucha documentación a través de cada fase. El analista de negocios comienza con la documentación y la pasa al diseñador que hace los cambios. El análisis y el diseño juntos son lo que llamamos "Gran Diseño al Frente" o, en resumen, BDUF. Cuando el diseño está listo, el documento se pasa a los desarrolladores. Cuando terminan con el producto, lo entregan a los testers. Después, lo entregan al personal de IT que ayuda a los clientes a implementar el software.

Lo que suele suceder es que cuando los desarrolladores se ocupan del programa tal como se describe en la documentación, se dan cuenta de que lo que tenían que generar no funcionaba. Entonces era necesario hacer un cambio. Y este cambio no se encontró en la documentación hecha anteriormente. Ahora tenemos código que no coincide con la documentación—la misma documentación que les tomó a los analistas y desarrolladores mucho tiempo para elaborar. Por lo tanto, tenía que haber una manera de volver a esta documentación y mejorarla, eliminar partes o añadir nuevos elementos.

Además, dentro del método en cascada, generalmente se utilizan *hitos*. Estos se detallan con una descripción y la fecha en la que deben ser alcanzados. Sin embargo, en la práctica, es un desafío mantenerse siempre dentro del plazo especificado. A veces se necesita más tiempo, lo que hace que cada hito definido sea inexacto. Además, los profesionales en estas fases no hablaron con los otros profesionales que no estaban en relación directa con ellos. Por ejemplo, no hay una comunicación clara entre los testers y los diseñadores o analistas y el personal de IT.

Debe quedar claro que este método está lejos de ser el ideal en la era digital rápidamente cambiante en la que vivimos hoy en día. Afortunadamente, hay un nuevo enfoque más ágil para tratar los proyectos. El nuevo procedimiento fue creado principalmente en respuesta a los desarrollos de las computadoras en los años 80 y 90.

Las computadoras se volvieron más fáciles de emplear, y el Software como Servicio (SaaS) y la Internet empezaron a estar disponibles. En 1986, Hirotaka Takeuchi e Ikujiro Nonaka escribieron un artículo en la Revista de Negocios de Harvard titulado *El Juego de Desarrollo de Nuevos Productos*. En este artículo, profundizaron acerca de las fases del método en cascada, a saber: análisis, diseño, desarrollo, prueba y finalmente despliegue. Además de dar más detalles sobre los pasos, señalaron algo muy innovador. Demostraron que estas fases no solo funcionan por sí mismas. De hecho, las etapas que propusieron mostraron que las fases deberían tener una superposición muy clara. Así, la información se comunicaba mejor entre los profesionales de cada etapa. Por ejemplo, el analista comprueba activamente el diseño e incluso mira el desarrollo, de vez en cuando. En el documento se sugiere que los analistas deberían estar presentes con mayor frecuencia durante la fase de desarrollo, de modo que incluso al final de la fase de desarrollo, siga habiendo un representante de la empresa (analista) que pueda entregar la información adecuada.

Takeuchi y Nonaka describieron este proceso como un "scrum". Esto se derivó del término del Rugby, cuando todos los jugadores están unidos. Al estar unidos, todos trabajan hacia un objetivo común: tratar de empujar la pelota por el campo de juego. Esto simboliza un equipo caminando juntos a través de las fases, hasta el final. Además, a partir de este documento, se desarrollaron y mejoraron muchos procesos, métodos y marcos de trabajo, como el Scrum de Jeff Sutherland y Ken Schwaber, la Programación Extrema (XP) de Kent Beck, el Kanban de Taiichi Ohno, y muchos más.

Avanzando rápidamente al siglo XXI, los actuales "líderes del pensamiento" han llegado a la conclusión de que se esfuerzan por alcanzar objetivos similares. Están tratando de alcanzar los mismos objetivos para hacer los procesos más eficientes, efectivos y valiosos. Descubrieron que mucho de lo que estaban haciendo en sus métodos tiene, de hecho, una conexión con otros métodos. Los métodos estaban más interconectados de lo que los líderes de pensamiento imaginaban. Por lo tanto, debido a que muchos de los valores centrales de estas metodologías eran los mismos, se unieron para dar vida a lo que se llama *El Manifiesto Ágil*, publicado en 2001. Este manifiesto introdujo en el mundo de la gestión de proyectos los valores que tanto necesitaba. Esboza que los individuos y las interacciones son más importantes que los procesos y las herramientas. Pero los procesos y las herramientas todavía tienen un lugar; simplemente no deberían intervenir en, por ejemplo, la comunicación con las partes interesadas o los profesionales de un proyecto. Además, el manifiesto valora más el software de trabajo que el hecho de tener una documentación completa. No me malinterprete, la documentación sigue teniendo su lugar, pero la práctica real y pura de trabajar con el software tiene ventaja. La colaboración del cliente es más importante que la negociación del contrato. A veces las cosas cambian. Por lo tanto, debemos ser capaces de tener alguna forma de dinamismo en los contratos; esto no es posible sin una adecuada colaboración del cliente. En un enfoque ágil, damos más valor a responder al cambio que a seguir un plan estricto. Sin duda, el adagio, "Si no planeas, planeas fracasar", suena claro en nuestras mentes, pero la planificación no debe ser demasiado rígida. La rigidez es lo que impide a las organizaciones moverse rápidamente a través de los proyectos. Moverse rápidamente no es posible sin la flexibilidad para responder a los cambios rápidamente.

A veces es necesario encontrar un enfoque más equilibrado entre los valores. En varias organizaciones, las personas utilizan herramientas como Zoom o Skype para empresas para hacer posible la comunicación con trabajadores remotos o partes interesadas externas, utilizando la tecnología para apoyar un enfoque en los individuos y las interacciones. Por lo tanto, se deben evitar los extremos. Cada proyecto debe ser evaluado individualmente para determinar cuánto debe pesar cada valor.

## Los Conceptos Ágiles Clave

Para desarrollar una *mentalidad ágil* correcta, usted debe entender varios conceptos ágiles. El primer concepto que debería conocer dentro del enfoque ágil son los **bucles de retroalimentación cortos**. En el método en cascada, un cliente puede no ver ningún producto durante meses, tal vez *años*. Si resulta que el cliente quería una característica diferente o tal vez un producto completamente diferente, es demasiado tarde. Un concepto clave dentro de ágil es hacer llegar la información al cliente tan pronto como sea posible, para que pueda encontrar la manera de avanzar en el menor tiempo posible. Por lo tanto, es posible arreglar las cosas mientras el proyecto está en marcha. Lo mismo ocurre con los profesionales, como los desarrolladores y testers, o incluso los analistas de negocios. Con una mentalidad ágil, cada miembro del equipo piensa "en grande sobre el producto final, pero trabajan "a pequeña escala", de modo que pueden caer y volver a levantarse rápidamente y aprender de estos pasos en falso cada vez.

El segundo concepto es la llamada forma **justo a tiempo** para reunir los requisitos y terminar el diseño. A menudo, el desarrollo de software se compara con la construcción de una casa. Honestamente, no es nada como construir una casa. No hay necesidad de tener planos completos que describan cada aspecto intrincado del diseño de la A a la Z. Lo que he visto en la práctica es que el desarrollo funciona exponencialmente mejor cuando se trabaja a partir de una especie de "lista de tareas pendientes", tan simple como puede sonar.

El tercer concepto crucial en el ágil es la **entrega de valor incremental**. No podemos crear un producto completamente desde el principio. Por lo tanto, fabricamos varias partes de valor a lo largo del camino, trabajando hacia el producto final. Después, estos productos incrementales pueden ser discutidos con los clientes u otros interesados. Su retroalimentación puede ser acumulada, permitiendo mejorar esta parte del producto final. El objetivo es tener productos incrementales que estén listos para ser lanzados al consumidor. Esto significa, para el desarrollo de software, que está integrado y documentado minuciosamente, que los programadores han terminado el código y que el programa se prueba y se despliega.

El cuarto concepto es el **ritmo de trabajo mantenible**. Probablemente ha experimentado proyectos en los que las cosas empiezan fácil, trabaja un poco, y luego se encuentra que una fecha límite se acerca pronto, lo que hace que los empleados trabajen más de 80 horas semanales de repente. Con el ágil, hay más control sobre el esfuerzo de los empleados. Este esfuerzo debe ser igual durante todo el proyecto tanto como sea físicamente posible. De esta manera, los empleados no se queman, y entregan resultados mejores y más predecibles. En resumen: hay que mantener un ritmo que los empleados puedan seguir para obtener los mejores resultados de sus proyectos.

Dentro de lo ágil, hay un concepto de **jerarquía Lean y equipos auto-organizados,** y este es el quinto concepto que trataré. Esto significa que unas pocas personas toman decisiones en lugar de tener una jerarquía extremadamente lenta, donde demasiadas personas tienen que decir algo antes de que se tome una decisión. Hacerlo de la manera *Lean* significa que toma significativamente menos tiempo cuando las decisiones se llevan a cabo.

En cuanto a las decisiones para proyectos específicos, los equipos auto-organizados son esenciales. Ahí está la idea central de que el equipo está en la mejor posición para tomar decisiones concretas para continuar el proyecto. Sin equipos auto-organizados, normalmente hay un gerente que toma estas decisiones mientras no son conscientes de los detalles intrincados y cruciales dentro de un proyecto. Potenciar a los equipos auto-organizados y permitirles tomar decisiones ayuda a obtener mejores resultados.

Valores como el **respeto, la colaboración, la confianza, el coraje y la transparencia** son esenciales dentro de las metodologías ágiles. Estos le dan la "mentalidad ágil" para apoyar los proyectos en curso y son fundamentales para la **ejecución continua**, que es el sexto concepto. Cuando los directivos confían en sus equipos auto-organizados y hay un diálogo bastante frecuente, esto hace que los proyectos sean muy transparentes. La entrega en cortos bucles de retroalimentación hace que la entrega continua sea un concepto crucial. Cada vez que el equipo construye algo, puede pasar de la construcción y el desarrollo al despliegue lo más rápido posible. Esto viene en forma de integración continua. Por ejemplo, tan pronto como se escribe un código, este es compartido con otros desarrolladores a través de un servidor.

Vivimos en una época en la que la mayoría de los proyectos todavía "manejan" el cambio. En Ágil, en su lugar **abrazamos el cambio**, y luego tratamos de manejarlo. Este es el séptimo concepto. Especialmente para los clientes, siempre tenemos que estar dispuestos a cambiar el producto si no es satisfactorio. Por lo tanto, el cambio se convierte en una parte integral de todo el proyecto, haciendo que sea mejor abrazar el cambio que gestionarlo. La inspección y la adaptación son necesarias para cualquier enfoque ágil, ya sea Scrum, Kanban o XP. Esto ocurre en las herramientas, pero también en los productos incrementales que se entregan e incluso en el propio equipo. Estos enfoques son marcos de trabajo que exigen su aportación. Debe llenarlos con lo que tenga sentido para usted. De lo contrario, abrazar el cambio será un camino largo, pobre y cansado.

## Scrum: Cómo empezó todo

Scrum fue fundada por Jeff Sutherland y Ken Schwaber hace aproximadamente 25 años. Después de su carrera militar, Jeff estudió medicina en la Universidad de Colorado. En la universidad, desarrolló un interés en algo totalmente diferente a la medicina: la informática. Schwaber, por otro lado, comenzó su carrera temprano como ingeniero de software. Ambos caballeros tenían la visión de un método más rápido, más fiable y más efectivo para crear softwares. Estaban frustrados con las ineficiencias presentes en el método en cascada y trabajaron con esfuerzo para encontrar una nueva forma de abordar los proyectos.

Sutherland, en su libro *Scrum: El Arte de Hacer el Doble del Trabajo en la Mitad del Tiempo,* da ejemplos de estas ineficiencias. Por ejemplo, tomemos el proyecto de digitalización llevado a cabo por el FBI en 2006 para un nuevo programa llamado Sentinel. El programa tenía como objetivo deshacerse de los procesos en papel para hacer espacio para las operaciones digitales. ¿Alguna idea de cuánto costaría el proyecto? La inmensa suma de 451 millones de dólares. De acuerdo con los contratistas, todo el programa, los sistemas y los procesos subyacentes estarían en funcionamiento en algún momento de 2009. Avanzamos rápidamente unos años más tarde, de 2006 a 2010, y no había ningún programa de trabajo, y la considerable suma de 451 millones de dólares ya se había gastado. En los meses siguientes, el costo estipulado del proyecto fue superado con creces, y los gastos del contratista no parecieron detenerse. Pero no había otra opción, porque el proyecto ya estaba a mitad de camino, y tenía que continuar. Bueno, al menos eso es lo que pensaban. Pensar de esta manera es un error. Se basa en la premisa de que debemos continuar con un proyecto sin importar lo que suceda porque ya hemos invertido una cantidad significativa de tiempo, dinero y energía. Esto se llama *la falacia del costo hundido.*

Para resumir, el equipo contratado por el FBI se mantuvo en ello y estimó que el proyecto solo debería tomar unos seis a ocho años más. Oh sí, ¿y mencioné que se necesitaban 350 millones de dólares adicionales del dinero de los contribuyentes? Aunque ingenieros brillantes, gerentes y analistas trabajaron sin descanso en el proyecto, las cosas no funcionaron. Su proceso implicó las mismas fases mencionadas en el método en cascada. Así que reunían los requisitos, analizaban estos requisitos, hacían un plan para el contratista y añadían detalles con varias características necesarias para el programa. Un grupo de profesionales muy talentosos de varios campos trabajó durante días, semanas y meses sin parar. Después de que el plan estaba listo, pasaron más días, semanas y meses planificando el proceso de implementación del plan. Para dejarlo claro, se aseguraron de que toda la documentación fuera fácilmente accesible, estuviera bien diseñada e incluyera varios gráficos y diagramas brillantes que detallaran las tareas y la cantidad de trabajo necesario.

Los gráficos y diagramas indicaban qué parte del plan debía aplicarse primero antes de pasar a la siguiente fase. Incluyeron varios escalones para llegar al destino. Después de un par de pasos, se destacó un hito. Entre las tareas y los escalones, los resultados se hicieron evidentes. Con la introducción de numerosas herramientas de software para la creación de gráficos y diagramas, fue fácil seguir agregando más elementos a los mismos y haciéndolos más complejos a lo largo del camino. Con el tiempo, uno no puede ver el bosque por los árboles. Además, estos gráficos y diagramas pueden parecer extravagantes, pero casi siempre están equivocados. ¿Por qué? Porque no se adaptan a un entorno de proyecto que no es dinámico. El desarrollo de software es un proceso continuo y cambiante. Hacerlo en un vacío no termina bien, para nada, como leemos en este ejemplo.

Los gerentes de este proyecto en el FBI pensaron que tenían todos los recursos para que el proyecto fuera un éxito. Desde un gran talento, como se mencionó anteriormente, hasta tecnología avanzada y sistemas de software. Pero algo faltaba. Algo que puede parecer sutil, pero es una sutileza que marca la diferencia: la gente trabajó y planificó mal, es decir, su metodología no era válida. Un proyecto tan grande e intensivo nunca fue factible con la vieja, tradicional e ineficiente forma de trabajar. Se necesitaba una forma nueva, innovadora y eficiente.

Afortunadamente, después de mucha sangre, sudor y lágrimas, hubo un momento de alegría. Finalmente, uno de los gerentes talentosos se dio cuenta de que el plan hecho hace un par de meses era ahora una obra de ficción, debido a los continuos cambios en el camino. Cuando el gerente observó más de cerca el proceso de desarrollo en bruto, y sus productos y servicios similares, supo que el plan no era en absoluto válido. Con el tiempo, descubrieron que una nueva forma de gestionar los proyectos era vital. Así, se les presentó Scrum, una de las únicas metodologías para hacer de estos proyectos complejos y basados en datos un éxito salvaje. Se dieron cuenta de que la forma de gestionar los proyectos en el pasado ya no es aplicable. Seguir adelante con este enfoque en cascada costará una enorme cantidad de recursos.

Además, a menudo no se logran los resultados ideales. En el ejemplo del FBI, el método en cascada para hacer funcionar las cosas cuesta cientos de millones de dólares y muchos recursos. En la nueva y ágil forma de trabajar, la gente puede hacer más en menos tiempo. La gente puede aprender de los errores y reajustarse en un tiempo menor. Y la gente puede lograr mejores resultados en menos tiempo. Hacer más con menos es el lema dentro de las metodologías ágiles.

Puede sonar como una fantasía, pero varias organizaciones muestran resultados sorprendentes con este enfoque. La vía ágil funciona, y funciona para todo tipo de organizaciones. Sutherland y

Schwaber encontraron el método observando *cómo* la gente hace su trabajo, en lugar de escuchar lo que *dicen* que hacen. Ambos caballeros estudiaron formas de hacer los proyectos más sostenibles observando los estudios realizados en torno a la gestión de proyectos. Además, observaron más de cerca cómo otras organizaciones manejan sus proyectos. Al hacerlo, les mostraron un patrón de lo que funciona durante los proyectos y lo que no. Sabían que había algo detrás de los éxitos de varios negocios alrededor del mundo.

Concluyeron que la mayoría de las organizaciones exitosas manejaban sus proyectos de una manera más iterativa, como Amazon. Ahora, Amazon es bien conocido por implementar Scrum no solo en proyectos pequeños sino también en varias capas de negocios con proyectos más grandes. ¿Quiere aprender cómo Scrum cambia las organizaciones para mejor? ¿Quiere ayudar a su organización a avanzar rápidamente? ¿Quiere tener un excelente éxito en sus proyectos? La adopción de la metodología Scrum allanará el camino para obtener excelentes resultados en los proyectos. Veamos con más detalle de qué se trata Scrum.

# Capítulo 2: Scrum: ¿Qué Es? y ¿Por Qué Lo Necesitas?

Ahora que tenemos una clara comprensión de lo que es ágil, sus orígenes, conceptos, valores y beneficios, espero que sea evidente por qué se necesita un enfoque más ágil para el éxito del proyecto. En este capítulo, profundizaremos en la metodología ágil—o marco de trabajo—de Scrum. La diferencia entre Scrum y otros métodos ágiles es que es el método más fácil y flexible de implementar. Contrariamente a lo que muchos gerentes de proyectos piensan, Scrum no es solo para proyectos de desarrollo de software. Como usted leyó anteriormente, Scrum se originó en el mundo del desarrollo de software, pero hoy en día es adoptado en casi todas las organizaciones de tamaño considerable, independientemente de la industria.

# Lo Básico

Scrum no requiere de matemáticas avanzadas o de ciencia espacial. Puede anotar los elementos más básicos de Scrum en una nota adhesiva. Observe los elementos esenciales en los que se basa Scrum:

**Planificar el corto plazo en detalle, sin olvidar el largo plazo.** Dentro de Scrum, sabemos que la planificación detallada y los programas solo pueden ser usados efectivamente a corto plazo. Esto es todo lo contrario de las metodologías tradicionales, en las que la programación detallada tiene lugar para eventos que están a "años luz" en el futuro. Esto no significa que un equipo exitoso de Scrum no piense a largo plazo. En absoluto. Los miembros del equipo piensan a largo plazo, pero saben que la programación diaria de las tareas a corto plazo les ayudará a acercarse a los objetivos a largo plazo. Programar en detalle a largo plazo está lejos de ser posible porque demasiadas variables pueden cambiar con el tiempo. Parece tan lógico, pero muchos directores (de proyectos) parecen pensar lo contrario.

**Equipos auto-organizados y multidisciplinarios para la victoria.** Si se quiere ganar a lo grande en los negocios, se necesita un gran equipo. Especialmente dentro de Scrum, el equipo juega un papel central y trabaja en forma más innovadora. Es un equipo que decide en qué trabajará, cuánto tiempo tomará y cuándo estará terminado. Ningún gerente tiene el poder de hacer cumplir sus deseos en el equipo. El equipo consiste en todas las disciplinas profesionales necesarias para hacer el trabajo. Los miembros del equipo conocen el trabajo, y el gerente normalmente no. Así que, ¿no tendría más sentido que estos profesionales averiguaran en qué trabajar y cuándo deberían terminar las cosas? Una pregunta retórica, por supuesto. Los miembros del equipo dentro del marco de Scrum elaboran el plan, organizan las tareas y llevan a cabo el trabajo.

**Dividiendo los proyectos en tamaños razonables.** Cuando se enfrenta un proyecto grande, es difícil tragarse el "elefante" de un solo bocado. En su lugar, se pueden hacer trozos de tamaño razonable para hacerlos llegar a la garganta. "Chunking" o dividir las tareas importantes en partes más pequeñas es crucial durante cualquier proyecto Scrum. Dentro del Scrum, los proyectos se dividen en sprints cortos, donde se desarrollan y entregan valiosos productos de incremento para el cliente.

**La transparencia es la clave.** De esto se trata Scrum. Con Scrum, ningún miembro del equipo puede "engañar" a otro miembro del equipo en términos de trabajo realizado. Esto obliga a la colaboración y ayuda como miembro del equipo para hacer el trabajo bien y a tiempo. Si se quiere hacer las cosas y mantener buenas relaciones, solo hay una manera: comunicarse de forma transparente. Solo comunicándose de forma transparente se puede lograr lo que se quiere de la mejor, más rápida y más agradable manera.

**El bucle de retroalimentación es necesario.** Cuando ofrece a sus clientes la oportunidad de dar retroalimentación, se sabe exactamente lo que está pasando con ellos y se puede responder. De esta manera, la retroalimentación de los clientes juega un papel esencial dentro de su empresa. Cuando los clientes y las partes interesadas proporcionan regularmente retroalimentación sobre el incremento del producto, es de esperar que esto produzca un mejor resultado.

**¡No olvide comunicarse!** El equipo discute regularmente entre sí si puede mejorar el método de trabajo, haciéndolo cada vez más efectivo. La cooperación intensiva, la auto-organización, la retroalimentación y los resultados rápidos conducen casi inevitablemente a un mayor disfrute al realizar el trabajo.

Como se ha dicho, no hay matemáticas avanzadas en ninguna parte. Pero, aun así, millones de directores de proyectos se manejan de manera ineficaz. Las personas que escuchan sobre Scrum por primera vez a menudo dicen que ya están usando todos estos elementos esenciales. Sin embargo, ser capaz de "practicar lo que predica" parece ser el obstáculo. La eficacia de Scrum se mantiene o disminuye con la implementación. Los profesionales experimentados en Scrum saben que no se trata de si se emplea el Scrum, sino de qué tan bien se usa. El resultado es la marca del éxito o el fracaso de los esfuerzos, la programación y la planificación del equipo.

Scrum todavía está encontrando su lugar en diferentes industrias además de la de IT. Algunas industrias han adoptado muy bien el Scrum, mientras que otras se quedan atrás. En mi experiencia, me he encontrado con cosas que funcionan de manera ligeramente diferente a la industria del software tradicional. Estos puntos de atención son indispensables para la amplia aplicación e implementación de Scrum. Para saber si su organización está lista para usar Scrum, ¡responda a las siguientes preguntas y cuente sus puntos!

**¿Los proyectos siempre se hacen a tiempo?**

Sí. (1 punto)

De vez en cuando. (2 puntos)

Rara vez. (3 puntos)

**¿Los proyectos nunca se mezclan?**

Sí, así es, siempre puedo concentrarme en un solo proyecto. (1 punto)

No, tengo que dividir mi tiempo y concentrarme en varios proyectos. Sin embargo, todavía tengo una visión general. (2 puntos)

No, está todo mezclado, y el trabajo se siente demasiado fragmentado. Casi parece que la organización es un "carrusel de proyectos". (3 puntos)

**¿Su organización suele pensar y trabajar en proyectos?**

Sí. (1 punto)

Estamos trabajando en un enfoque más basado en proyectos. (2 puntos)

Queremos trabajar en base a un proyecto, pero aún no estamos orientados a esto. (3 puntos)

- **¿Diría que los otros miembros del equipo están motivados?**

Sí. (1 punto)

De vez en cuando. (2 puntos)

Raramente. (3 puntos)

- ¿Los miembros del equipo siempre entregan lo que los clientes o las partes interesadas les exigen?

    Sí. (1 punto)

    Las cosas a menudo tienen que rehacerse; esto cuesta mucha energía extra. (2 puntos)

    Los interesados/clientes no siempre están satisfechos con lo que entregamos. (3 puntos)

- ¿Diría que los otros miembros del equipo intercambian muchos conocimientos y habilidades?

    Sí, aprendemos mucho unos de otros y usamos los conocimientos y habilidades de cada uno. (1 punto)

    De vez en cuando. (2 puntos)

    No, demasiado poco. (3 puntos)

- ¿Suele el equipo hacer primero las cosas más importantes, y los miembros del equipo no permiten que los demás se distraigan con asuntos secundarios?

    Sí, siempre abordamos los temas más críticos primero. (1 punto)

    De vez en cuando. (2 puntos)

    Muchos colegas están ocupados con cosas que me hacen preguntarme si son críticas. (3 puntos)

- ¿Cree que los interesados participan activamente en el proyecto?

    Sí, durante el proyecto, hay varios momentos en que los interesados dan su opinión e indican sus deseos y anhelos. (1 punto)

    A veces, porque analizamos a las partes interesadas y las invitamos de vez en cuando para comprobar los progresos. (2 puntos)

No, porque creo que demasiadas veces, los interesados apenas participan en el proceso. (3 puntos)

- **¿Diría que el equipo es flexible y puede adaptarse rápidamente a los cambios en los deseos y las necesidades del cliente o del entorno del proyecto?**

Sí, si algo cambiara, podemos hacer ajustes a corto plazo sin causar ningún problema. (1 punto)

Podemos hacer ajustes, pero eso a menudo requiere mucho arte y trabajo sobre la marcha. A veces incluso tenemos que rehacer proyectos avanzados. (2 puntos)

Trabajamos de acuerdo a un horario que es difícil de ajustar en el camino. (3 puntos)

- **¿Su actual método de trabajo proporciona mucho placer a todo el equipo?**

Sí. (1 punto)

De vez en cuando. (2 puntos)

Raramente. (3 puntos)

¡Después de que haya contestado las preguntas, sume su puntuación! La primera opción de respuesta vale un punto, la segunda dos puntos, y la tercera son—adivinó... tres puntos. Ahora, veamos en qué punto se encuentra su organización actualmente:

- Si su puntuación es de 10-11: Su organización ya es muy buena en la aplicación de elementos Scrum. Tal vez la organización tiene varios años de experiencia practicando Scrum o una metodología ágil diferente. Estas habilidades se pueden perfeccionar utilizando técnicas más avanzadas, que se describen en un capítulo posterior.

- Si su puntuación es de 12 a 21: Lo está haciendo bien, pero hay mucho espacio para mejorar. Lo más probable es que la organización esté implementando varias técnicas y elementos de Scrum, pero aún no van muy bien. Esta guía le ayudará a mejorar los probables escollos.

- Si su puntuación es 21-30: Su organización necesita cambiar. Es necesario que ocurra un cambio considerable para salvar los proyectos de su organización porque trabajar de la misma manera ineficaz e ineficiente será perjudicial para la organización y las personas involucradas. Este libro le ayudará a implementar el Scrum en un grado muy bueno. De esta manera, su organización puede cambiar las cosas para mejor.

## ¿Qué es Scrum?

Scrum es una metodología ágil para abordar proyectos. Se basa en una visión fundamentalmente diferente del trabajo en conjunto, de modo que se evitan muchas de las trampas tradicionales de los proyectos. La mayoría de la gente ha experimentado o escuchado acerca de grandes equipos de proyecto que, después de meses de trabajo, entregan productos a medio terminar que nadie está esperando. Con Scrum, se hace exactamente lo contrario. Dividimos el gran proyecto en trozos y terminamos las piezas pequeñas cada pocas semanas. Esto se hace en un sprint: períodos relativamente cortos de dos a cuatro semanas, durante los cuales se realizan y entregan partes del proyecto. Los clientes pueden ver un resultado rápido y mejor, y pueden dar una respuesta inmediata. Esto nos permite responder mucho mejor a los requerimientos de los clientes.

Scrum es más que una visión. Es un método práctico para trabajar productivamente con un equipo dedicado. El núcleo de Scrum es explícito y consiste en roles, ceremonias y listas. Hay roles claros para que todos sepan dónde están parados, ceremonias fijas en las que el equipo se reúne y algunas listas útiles que reemplazan los planes extensos y altamente ineficientes. Es esencial tener una buena comprensión de esto y usar los elementos de Scrum de la manera correcta: solo si se hace correctamente se puede decir que se está trabajando con Scrum.

El scrum consiste en tres roles, cuatro ceremonias y cuatro listas. El scrum tiene tres roles distintivos. Se forma un equipo de Scrum con personas que juntas pueden hacer la parte más sustancial de las tareas a mano. El grupo consiste en un promedio de siete personas, más o menos dos, a menudo de diferentes disciplinas. El equipo es auto-organizado. Esto significa que los miembros del equipo deciden juntos cómo quieren llevar a cabo las tareas y dividir el trabajo. Un equipo Scrum *no* tiene un director de proyecto. Usted podría pensar: "¿No hay director de proyecto? Entonces, ¿cómo saben los miembros del equipo lo que hay que completar y cuándo?".

Bueno, en primer lugar, el equipo Scrum tiene personal para los tres roles, a saber, el rol de Scrum Master, el rol de Propietario del Producto y el rol de Equipo de Desarrollo. Este último es diferente al "Equipo de Scrum" porque no incluye los roles de Scrum Master y Propietario del Producto. En su lugar, contiene profesionales de varias disciplinas, como analistas de negocios, diseñadores y programadores, que se encargan de las tareas. Además, el Propietario del Producto es el director delegado del proyecto, es decir, el que entrega el proyecto al Equipo de Desarrollo y tiene un estrecho contacto con el cliente o clientes. Hace un inventario de los deseos del cliente o clientes internos o externos y lo traduce en una asignación clara para el equipo. El Propietario del Producto monitorea el trabajo, las prioridades y las condiciones previas y toma decisiones cuando es necesario. El Propietario del Producto "es dueño" del producto o del contenido. Y luego está el Scrum Master, el facilitador del equipo Scrum. El Scrum Master guía al equipo para que el proceso se desarrolle sin problemas. El Scrum Master es, por lo tanto, responsable de la calidad del proceso: se asegura de que el equipo de desarrollo dé los pasos correctos y de que las ceremonias se realicen de la manera correcta y en el momento adecuado.

Las ceremonias de scrum ocurren como cuatro tipos diferentes de reuniones de equipo. Se dividen en períodos igualmente significativos llamados tramos de sprint. Cada nuevo sprint comienza con una reunión de planificación del sprint, en la que el equipo determina cómo puede lograr los objetivos más importantes para este sprint. Durante el sprint, se realizan regularmente reuniones de pie (es decir, reuniones diarias de "Scrums" o stand-up). Se trata de breves discusiones intermedias de no más de quince minutos, durante las cuales los miembros del equipo se informan mutuamente sobre el progreso de las tareas. El estar de pie mantiene a los miembros del equipo en movimiento y evita que la gente se incline y pierda el interés. Al final de cada sprint, el equipo presenta todo lo que se ha hecho en este sprint al Propietario del Producto. Esto se llama la revisión del sprint. A veces también se invita a otros interesados, como colegas, clientes o directores. El cuarto tipo de ceremonia es una reunión retrospectiva final. En esta reunión, usted y el equipo miran hacia atrás en el proceso, para poder mejorar el rendimiento del equipo en el siguiente sprint.

Cuando empecé con Scrum en mi trabajo anterior, le pedimos a un entrenador de Scrum que guiara a los equipos durante los primeros sprints. La base del Scrum es simple, pero aplicarlo bien en la práctica es un oficio en el que el entrenamiento es más que útil. El entrenador de Scrum inmediatamente nos entrenó a varios colegas entusiastas y a mí para que nos convirtiéramos en un Scrum Master.

Ahora, llegamos a la última parte indispensable de Scrum, las listas. Las cuatro listas de Scrum no son más que ayudas visuales. En Scrum, normalmente se muestran las listas en rotafolios con

Notas Adhesivas, que muestran en qué está trabajando el equipo. La primera lista es el Product Backlog, la visión general con todos los requisitos y deseos para todo el proyecto. Con Scrum, ya no es necesario escribir un plan extenso a largo plazo, sino que el Propietario del Producto hace un inventario de los componentes que deben ser trabajados para este proyecto. Para cada parte, se coloca una nota separada en el Product Backlog, y estos se llaman los "ítems del backlog".

Al comienzo de cada sprint, el equipo de desarrollo selecciona, junto con el propietario del producto, los ítems del Product Backlog que el equipo realizará en el próximo sprint. Estas notas se mueven a la segunda lista: el Backlog del Sprint. En la tercera lista, se escribe una "definición de hecho" para cada elemento. Estos son los requisitos que una tarea debe cumplir para ser considerada "hecha". La "definición de hecho" responde a la pregunta: ¿Qué es exactamente lo que se terminará y se logrará al final del sprint, y cómo se ve eso? Formular esto con el equipo crea una imagen compartida de lo que se entregará al final de este sprint. Además, hay una extensión de esta lista que normalmente se ignora: "la definición de divertido". Esta es una lista de condiciones para hacer y mantener el trabajo dentro del proceso de Scrum divertido. Un elemento esencial de la preparación del equipo es la pizarra de Scrum, en la que se colocan los elementos del Sprint Backlog. La forma más pura consiste en las columnas "por hacer", "haciendo", y "hecho". La pizarra Scrum puede ser digital pero normalmente se hace en una pizarra blanca física o en un rotafolio.

# ¿Es Necesario el Scrum?

Hay muchas razones por las que se necesita el Scrum cuando se trabaja en varios proyectos. A continuación, expondré múltiples razones por las que es necesario utilizar Scrum para sus proyectos tan pronto como sea posible. Sin embargo, por favor tome nota: Podría nombrar muchas más razones para usar Scrum para los proyectos. Y muchas otras razones están dispersas a lo largo de este libro. Para este capítulo, las siguientes razones serán suficientes.

La primera razón es que usted gana más valor de sus recursos, como tiempo y el dinero, pero también talento. Con Scrum, siempre está claro en qué están trabajando los miembros del equipo, y los incrementos de producto se entregan lo más rápido posible. Las partes más importantes del producto final son utilizables desde el principio debido a esto. Por lo tanto, el "Tiempo al Mercado" de un producto puede acortarse drásticamente.

La segunda razón es que Scrum le da al equipo más control sobre todo el proceso de creación del producto: de principio a fin. Scrum es un proceso empírico, y al obligarse a obtener retroalimentación lo más rápido posible, se obtiene mucha información. Esta información también se mejora cada vez más, y los interesados pueden emplear esta información para ayudar a que el proyecto avance. Esto contrasta con los métodos tradicionales, en los que los contratiempos suelen aparecer cuando el proyecto está "casi terminado". La mayoría de las veces es entonces demasiado tarde.

Además, la tercera razón es ofrecer productos de mayor calidad a los clientes y/u otros interesados. Al pedir la opinión de los clientes y otras partes interesadas durante cada revisión del sprint, nunca se pierden de vista los deseos y anhelos de los usuarios. Esto le da una ventaja sobre otras organizaciones que no tienen este proceso continuo de comprobación y validación de proyectos. El enfoque Scrum ayuda a comprender mejor lo que realmente molesta a los clientes. En el proceso, todos aprenden lo que es importante. Al hacer entregas de incrementos de productos basados en la producción cada vez, la atención a los detalles y la calidad es grande. Esto es muy superior a hacer una tonelada de suposiciones al principio, y luego enfrentar los problemas más adelante.

Otra buena razón para usar Scrum es que permite explorar proyectos inciertos y más complejos sin perder demasiados recursos. En lugar de tener una documentación larga y costosa hecha por varios consultores externos, puede ser gratificante poner a un equipo Scrum a trabajar en varios sprints. Después de unas semanas, sabrá si un nuevo producto es factible. Si no es así, mejor suerte la próxima vez, al menos ha aprendido algo. ¡Si resulta, lo que sucede a menudo, entonces usted estará inmediatamente a la cabeza!

Además, Scrum resulta en menos burocracia. En línea con el punto anterior, muchas organizaciones se han vuelto mucho más cautelosas en cuanto a gastar recursos como el dinero y el tiempo debido a las malas experiencias del pasado. Por lo tanto, se han desarrollado procedimientos para evitarlas. Después de un tiempo, estos procedimientos han cobrado vida propia. Por lo tanto, con frecuencia, estos procedimientos toman mucho tiempo. Principalmente porque el trabajo está esperando la aprobación de los Consejos Consultivos de Cambio y similares. Con Scrum, estos obstáculos desaparecen.

Como puede ver, los fundamentos y razones para aplicar el Scrum son sencillos. No hay matemáticas avanzadas que ver. Sin embargo, las apariencias engañan. Detrás de los simples roles, ceremonias y listas, hay una forma fundamentalmente diferente de trabajar. La combinación de estos factores hace que funcione. Recuerde siempre que un enfoque demasiado dogmático para implementar los conceptos está lejos de ser ideal; para usted, y para su equipo, pero también para la organización. Por lo tanto, no debes aplicar a ciegas todos los elementos de Scrum que discutimos en este libro, sin darse cuenta del valor para su proyecto específico. En cambio, debe evaluar su proyecto y las necesidades de su equipo y adaptar su aplicación de Scrum a esas necesidades. Además de los elementos esenciales de Scrum descritos anteriormente, hay muchos más elementos que se pueden utilizar durante un proyecto Scrum, como se verá en los próximos capítulos. Añada a lo básico seleccionando otros conceptos y elementos que esté seguro que harán que su equipo se desarrolle al máximo. No tema añadir una nueva perspectiva a los elementos en los que piense y sienta que es necesario. ¡Sin más preámbulos, ahondemos en el Scrum!

# Capítulo 3: Roles y Responsabilidades del Scrum

Empleando el método en cascada, no es hasta la última fase que sus clientes pueden interactuar con el producto. Entonces es el momento en el que usted llega a saber si lo que produjo es lo que ellos estaban buscando. Porque es justo al final del proyecto, ¿qué se puede hacer si el cliente no está satisfecho? ¿Si algunos requisitos están obsoletos? ¿O si faltan un par de elementos? ¡Esta es una receta absoluta para el desastre porque la gente no sabe lo que quiere, hasta que interactúan con él!

El Scrum es genial para hacer que la pelota ruede rápidamente en los proyectos. Scrum funciona como un marco para que los equipos auto-organizados lleven a cabo proyectos de manera efectiva y eficiente. Consiste en tres categorías que se deben conocer, principalmente: roles, artefactos y eventos. Durante la explicación de estas categorías, agregaré más información para implementarlas adecuadamente. Estos conocimientos pueden o no estar basados en la Guía de Scrum de Jeff Sutherland y Ken Schwaber, pero me parecen esenciales cuando se trata de procesos de Scrum. Este capítulo está dedicado a los roles en Scrum.

# Propietario del Producto

En Scrum, hay un par de papeles. El primer papel es el del Propietario del Producto. El Propietario del Producto se esfuerza por maximizar el valor del producto; esa es su responsabilidad. Todo lo que se hace en un proyecto debe crear, entregar y mantener el valor para los clientes y la organización. El Propietario de Producto se asegura de que así sea.

Además, gestiona el Product Backlog, que es el único documento o fuente donde se enumeran todos los requisitos. El trabajo del Propietario del Producto es asegurarse de que el Product Backlog esté bien formado, tenga sentido y esté priorizado. Además, el Propietario del Producto representa a los clientes comunicándose a menudo al respecto. Finalmente, toman las llamadas decisiones de ir/no ir, para lo que será liberado y lo que no. Encontrar a la persona adecuada para cumplir este papel es difícil, debido a la gran variedad de habilidades necesarias para completar estas tareas correctamente.

El dueño del producto se hace cargo de su realización con éxito: a tiempo, dentro del presupuesto estipulado y con clientes satisfechos. Para que un proyecto tenga éxito, hay que cumplir con los tres requisitos. Si no se cumple uno de estos tres aspectos, no se podrá entregar un gran producto.

Scrum predica la simplicidad y la transparencia, y el papel del Propietario del Producto es un excelente ejemplo de ello. Después de todo, solo hay un Propietario de Producto, y es la misma persona durante todo el proyecto. De esta manera, todos saben quién toma las decisiones. Es decir, decisiones sobre la dirección del producto.

Además, cada Propietario de Producto solo tiene un producto bajo su cuidado, y eso es todo en lo que se centra. Esto da una imagen clara al Propietario del Producto y resulta en un compromiso más significativo. ¿Por qué? Porque el Propietario del

Producto dedicará todo su tiempo a dirigir el producto hasta que esté terminado. Normalmente, el Propietario del Producto pasará la mitad del tiempo con los interesados y la otra mitad con el equipo. El papel del Propietario del Producto es un trabajo a tiempo completo.

Aunque varios escépticos pueden estar en desacuerdo, el Propietario del Producto necesita ser de tiempo completo, porque el trabajo que debe hacer es extenso. El Propietario del Producto no solo se preocupa por el equipo, e incluso puede que se estén desarrollando más cosas que solo el software. El Propietario del Producto está involucrado con los interesados durante una parte considerable del tiempo. Esto incluye todo tipo de actividades, como la discusión con los clientes, la coordinación con el departamento de marketing, la realización de bocetos para obtener una mejor imagen del público objetivo y la coordinación del presupuesto con la dirección.

Es importante tener en cuenta que el propietario del producto no debe causar un embotellamiento. Esto resultará en costos innecesarios ya que los profesionales tienen que esperar para ponerse a trabajar. Por lo tanto, el Propietario del Producto debe tener suficiente tiempo para estar presente, para mostrar el camino, para motivar a la gente, y para repetir la visión.

Es responsabilidad del Propietario del Producto representar a cualquiera que tenga interés en el producto y sopesar los intereses entre todas estas personas o partes, y decidir constantemente lo que es esencial. De hecho, decido "constantemente" porque, como todo el mundo sabe, las demandas y deseos de estas partes interesadas cambian continuamente.

El propietario del producto también se encarga de debatir con el Equipo de Desarrollo la aplicación de los requisitos y deseos de los interesados. El Equipo de Desarrollo suele tener varias maneras de interpretar y aplicar un requisito. Los costos pueden, por lo tanto, variar considerablemente, y el Propietario del Producto debe entender que las decisiones también son tomadas por el Equipo de Desarrollo. En las conversaciones con el Equipo de Desarrollo, se trata principalmente del "cómo" y el "qué" en términos de costo.

Con estos dos aspectos de los requisitos: "cómo" y "qué", el Propietario del Producto prioriza las necesidades o artículos listados en el Product Backlog. Él/ella sopesa el orden en el que los objetivos son realizados. Esto se hace a menudo presentando las estimaciones del Equipo de Desarrollo a las partes interesadas, para que se propongan "ganancias rápidas". Además, es posible que algunos requisitos se cancelen debido a los costes, por ejemplo. Cuando usted es el Propietario del Producto, priorice primero, y luego pregunte por los costos. Las estimaciones de costos llevan un tiempo relativamente largo, por lo que hay que prestar más atención a las cuestiones más vitales. Es su principal responsabilidad obtener una buena relación calidad-precio. Usted quiere obtener un retorno de su inversión (ROI) de tiempo, energía y dinero.

Siempre existe la posibilidad de que las cosas no salgan según lo planeado. Por lo tanto, también es posible que se estropeen las cosas. Solo tómelo con calma, estas cosas pueden suceder. El desarrollo de nuevos productos sigue siendo una empresa incierta y compleja. Después de todo, es por eso que usamos Scrum. Scrum no es el camino garantizado hacia el éxito. Sin embargo, es una forma garantizada de descubrir todos los desafíos, oportunidades y posibilidades, tan rápido como sea posible. Muchas empresas exitosas usan Scrum para comenzar y comprobar el modelo de negocio, aunque la posibilidad de fracaso sea significativa. Si funciona bien, saben que han ganado tiempo, dinero y otros recursos. Si las cosas fracasan, porque el equipo no estará listo a tiempo o no hay suficientes fondos, por ejemplo, entonces saben cuándo parar mucho antes que en las metodologías tradicionales. Por lo tanto, ¡incluso fallar con Scrum es mejor que con cualquier otra forma! Porque se pierde la menor cantidad de recursos, se regresa rápidamente y se comienza a trabajar en lo siguiente sin dudarlo.

Como se explicó anteriormente, la principal tarea del Propietario del Producto es gestionar el Product Backlog. Como Propietario del Producto, siempre está (re)priorizando los ítems en el Product Backlog, para que las cosas más valiosas se coloquen en la parte superior. Estos son los ítems de mayor valor y de menor costo relativo. El Propietario del Producto siempre debe priorizar todos los requerimientos y deseos en el Product Backlog basado en el valor del negocio. Estos ítems deben obtener una estimación del esfuerzo requerido por el Equipo de Desarrollo. Esto se llama "refinamiento del backlog" también conocido como "backlog grooming". El Product Backlog es muy dinámico, principalmente porque el Equipo de Desarrollo a menudo presenta un software valioso y listo para la producción, y los interesados obtienen nuevos conocimientos a medida que el tiempo avanza. Sin embargo, variables como el presupuesto, las necesidades del mercado y el uso real de los incrementos de producto que se desarrollan en cada sprint, también influyen.

El propietario del producto necesita tener un don para hacer que el Backlog del producto sea tan valioso y comprensible como sea posible. El Product Backlog es principalmente una herramienta de comunicación y puede beneficiar a una gran cantidad de personas en la organización. Además, puede ser la fuente de muchas preguntas y discusiones, pero no hay nada malo en ello. Es mejor hacer preguntas de inmediato, en lugar de dejarlas vagar por la cabeza de la gente. Esto solo sería posible si el Product Backlog está en el cajón de alguien acumulando polvo: no es así. En su lugar, cuélguelo en la pared o designe una pizarra para ello, para que sea visible para cualquiera que tenga preguntas pendientes.

Además, nadie entiende un Product Backlog lleno de jerga. Normalmente, si ese es el caso, llevará a numerosos problemas, como la mala aceptación por parte de los consumidores, la mala comunicación, y mucho menos valor para el tiempo, la energía y el dinero. Ya hay suficientes organizaciones con una infraestructura demasiado compleja. Así que no complique aún más las cosas, o traerá muchas desventajas. En su lugar, solo enumere los puntos reconocibles y utilizables por los usuarios en la lista, escritos en las palabras de un consumidor. Pasar a producción lo más rápido posible y tan a menudo como sea posible (sí, ¡pasar a producción!). Nada da más información sobre la exactitud de sus decisiones que el uso del producto o el incremento del producto por personas reales.

## Scrum Master

La siguiente función es la de Scrum Master, que puede, hasta cierto punto, compararse con los directores de proyectos de las metodologías tradicionales. Así que, imagínese en este papel. Un Scrum Master es como un pastor de Scrum porque necesita conocer los conceptos e implementar los mecanismos adecuados. Se asegura de que todos se adhieran a los valores ágiles. Como Scrum Master, usted debe participar en el equipo de desarrollo, pero no les diga cómo y cuándo deben hacer sus tareas específicamente. Además, si el equipo tiene problemas que se interponen en el camino para producir excelentes resultados, debe eliminar cualquier barrera identificando los problemas y eliminando los obstáculos.

Por último, como Scrum Master, también debe centrarse en resolver los conflictos para que el equipo vuelva a estar en marcha lo antes posible. La principal diferencia con los gerentes de proyectos es que usted, como Scrum Master, está ahí para darle poder al equipo. No está allí para estar al mando y decirle a cada miembro del equipo lo que debe hacer. Usted debe dejarlos hacer su trabajo porque están especializados en ese trabajo. El líder del equipo puede asumir el rol de Scrum Master, pero esto es usualmente el caso cuando un equipo es más maduro. Cuando la organización es nueva en el trabajo con Scrum, es difícil para usted como líder de equipo hacer malabares entre ser un Scrum Master y liderar un equipo. Puede que se encuentre demasiado ocupado educando a la gente en el proceso para que no haya lugar para otras actividades. Por lo tanto, es aconsejable tener un Scrum Master específico por equipo. Cuando los equipos maduren más y usted gane más experiencia como Scrum Master, podrá ser el Scrum Master de varios equipos. ¿Por qué? Porque con la práctica los equipos se volverán más auto-conscientes, auto-resistentes y auto-actualizados. Por lo tanto, usted tendrá menos trabajo como Scrum Master en términos de educación de los equipos y sofocar los incendios, por así decirlo.

Una de las responsabilidades más importantes del Scrum Master es asegurarse de que los miembros del equipo se adhieran a las "reglas" del Scrum. Un Scrum Master asegura que el proceso de Scrum se desarrolle de manera óptima. En este sentido, encontramos la diferencia más significativa con el Propietario del Producto, que se asegura de que se entregue un gran producto. Sin duda, todos los roles en Scrum trabajan hacia un objetivo común, pero tienen varias responsabilidades. Un proyecto Scrum tiene un Propietario del Producto, un Scrum Master y un Equipo de Desarrollo, todos los cuales aseguran que se logre el objetivo común. ¿Cuál es el objetivo común? Bueno, es realizar la visión del Propietario del Producto, es decir, realizar el producto y hacerlo de la manera más eficiente y efectiva posible.

Usted, como Scrum Master, debe asegurarse de que se sigan las reglas de Scrum. Durante el proceso de completar las tareas, los impedimentos u obstáculos aparecerán naturalmente. Entonces usted, como Scrum Master, debe dar un paso adelante para eliminar esos obstáculos. Además, el Scrum Master debe convencer a la gente de que trabajar de acuerdo con el Scrum conduce a mejores resultados. Así, puede conectarse más con los interesados y los miembros del equipo, haciendo que el proceso de producción sea más manejable. Para aclarar las cosas, todo lo que debe hacer como Scrum Master se deriva de estas responsabilidades:

- Eliminar los impedimentos u obstáculos a los que se enfrenta el equipo de desarrollo.
- Asegurarse de que todos se adhieran a las reglas del "juego". Vigilar las reglas del juego.
- Conseguir que la gente se incorpore al Scrum, organizar el apoyo al Scrum.
- Crear un cambio positivo en la organización utilizando el Scrum adecuadamente.

Usted, como Scrum Master, es similar a un árbitro y un entrenador. Usted es un árbitro porque es su responsabilidad que cada miembro del equipo se adhiera a las reglas de Scrum. Es un entrenador porque facilita todo el proceso para todos los miembros del equipo. Elimina los obstáculos y ayuda a que el equipo avance hacia el éxito del proyecto.

Como Scrum Master, es, por lo tanto, vital organizar el apoyo de todos para el Scrum. Dejar claro que el Scrum no es el objetivo sino el medio para lograr el objetivo del equipo. Scrum es un enfoque muy adecuado para realizar un producto que es complejo.

La persona con la que primero se debe discutir y subir a bordo es con el Propietario del Producto, sin hacer preguntas. Si no lo tiene a bordo, el proceso será como escalar una enorme montaña. Cuando el Propietario del Producto esté listo, ambos pueden empezar a motivar al equipo para que siga el Scrum, explicando por qué esto llevaría a mejores resultados. Como Scrum Master, asegúrense de no asumir las responsabilidades del Propietario del Producto. El Propietario del Producto motiva con respecto al producto. Y el Scrum Master motiva a los miembros del equipo con respecto al proceso de creación del producto *usando* Scrum. No espera a comenzar el proyecto Scrum hasta que "todo" esté listo y perfecto. Scrum enfatiza el proceso de aprendizaje continuo, especialmente el aprendizaje por medio de la práctica. Si no se actúa adecuadamente como Scrum Master, el proyecto se estancará.

Hay fases por las que cada equipo de Scrum pasa al comenzar. En la fase inicial, todos están ocupados aprendiendo sobre Scrum y las reglas correspondientes. Después de que se entienden las reglas, solo se pueden conocer realmente por la práctica pura, es decir, hacer un proyecto usando Scrum. Después de que el equipo es más maduro, en la segunda fase, puede agregar tácticas o estrategias más avanzadas para realizar los proyectos de manera más eficiente y eficaz. Por último, la última fase es la maestría, donde el equipo realiza los proyectos según Scrum, casi sin esfuerzo. El objetivo debe ser llegar a la segunda fase lo antes posible. No hay otra forma de realizar los proyectos de forma consistente con el Scrum. Alcanzar la maestría en cualquier cosa puede llevar años y años de trabajo duro. Lo mismo ocurre con la última fase. Por lo tanto, no es un problema permanecer en la segunda fase por un período más prolongado.

Independientemente de lo que haga, sepa que Scrum es un concepto poderoso, utilizado por miles de organizaciones en todo el mundo. No crea demasiado rápido que lo sabe todo y que puede hacer su propia versión de Scrum. Es imperativo que obtenga el apoyo de la gerencia y que ellos entiendan que la inversión en Scrum es una inversión a largo plazo. Haga evidente que usted, como Scrum Master, no puede arreglar todo solo y puede necesitar ayuda de otros profesionales. Además, la administración y otras partes interesadas deben saber que Scrum es también una herramienta para una discusión significativa, para obtener el compromiso de todos. Obtener el compromiso se hace mejor con la educación. Dé un taller sobre el Scrum o una presentación en la que se expongan los beneficios y los estudios de cada caso. Además, puede hablar regularmente sobre el proceso. Este último punto es, por supuesto, posible en la retrospectiva del sprint, una reunión sobre Scrum que pronto abordaré, pero también puede tener una charla cuando sienta que algunas partes involucradas muestren algún grado de resistencia al Scrum o a los cambios en general.

Asegurarse de que todo el mundo se adhiere a las reglas no es nada fácil, especialmente si su equipo es nuevo en el trabajo con Scrum. La gente tiene hábitos para ocuparse de su trabajo, y estos son difíciles de desaprender. Scrum fomenta la cooperación y la transparencia, todo es visible, y nadie en el equipo tiene la propiedad de las piezas. Por lo tanto, a menudo sucede que los miembros del equipo tienen dificultades con su nueva posición en el equipo, y es su responsabilidad llamar su atención sobre eso y hacerlo discutible. Para ilustrar esto aún más, digamos que tenemos dos testers en el Equipo de Desarrollo, y tienen el hábito arraigado de hacer un plan de pruebas basado en un diseño funcional. Están acostumbrados a que el desarrollador entregue el software al final de un lanzamiento, y prueban el software durante un par de semanas basándose en su plan. Sin embargo, en Scrum, las cosas son diferentes. Porque en Scrum, ya no hacemos un diseño funcional por adelantado, y un tester tendrá que contribuir con algo significativo antes de que el software esté listo. ¿Qué hace un tester en los primeros días de la primera iteración? ¿Y qué pasa con el analista de negocios? Estas son todas las preguntas que el Scrum Master necesita abordar. Este es un rol con muchos desafíos, en el que puede utilizar toda su experiencia, pero especialmente toda su capacidad de persuasión y comunicación. Afortunadamente, no está solo; después de todo, comparte un objetivo común con el Propietario del Producto, el Equipo de Desarrollo y muchas partes interesadas.

Scrum permite reajustarse rápidamente cuando las cosas no funcionan. Si el Propietario del Producto no cumplió con algunos requisitos del Product Backlog, o las partes interesadas no quieren colaborar, entonces esto resultará mucho más doloroso cuando se use el Scrum que con otros métodos. Como Scrum Master, puede que usted se incline por aliviar el dolor e incluso asumir algún trabajo con el que el equipo de desarrollo esté luchando. Sin embargo, no lo haga, sino que muestre y asegure la visibilidad de los problemas y solo elimine los obstáculos que impiden que el equipo de desarrollo haga el trabajo. ¡No haga el trabajo en sí mismo, sino que prepare el camino para que el trabajo se haga!

Las reglas de Scrum le ayudarán como Scrum Master a sacar los problemas a la superficie. La reunión diaria de pie, por ejemplo, y la revisión de los sprints al final de cada sprint, le dan todas las oportunidades de conseguir que la gente dé su opinión. Esta información es esencial para usted como Scrum Master. Le permite encontrar mejoras. Por ejemplo, cuando haya problemas en la realización de una característica que ponga en peligro la planificación, mencione el problema y pida al equipo que discuta las alternativas con el Propietario del Producto. Cuando un miembro del equipo menciona un problema específico durante muchos días, asegúrese de que haya algunas pequeñas tareas en el Sprint Backlog para abordar estos temas; trataremos esto con más detalle más adelante.

He mencionado algo sobre "reglas" numerosas veces, pero ¿cuáles son estas "reglas"? Las más importantes se enumeran a continuación, pero no se preocupe si algunos conceptos son todavía desconocidos. Estos serán tratados más adelante. Las reglas son:

- En Scrum, hay un Propietario del Producto. El Propietario del Producto es responsable del éxito del producto y tiene el atributo de tomar decisiones con respecto al producto.

- Hay un Scrum Master. Él/ella se asegura de que las reglas y principios de Scrum se cumplan, para que todos puedan concentrarse de manera óptima en su tarea para hacer crecer el producto o productos.

- En Scrum, hay un Equipo de Desarrollo que desarrolla el producto de forma independiente. Ellos hacen las tareas para ponerlo en producción.

- El Scrum se hace en sprints. Son iteraciones continuas de dos a cuatro semanas. Cuanto más corto, mejor. Los sprints comienzan y terminan en días fijos.

- Todos los requisitos y deseos para el producto se registran en el Product Backlog, que es administrado por el Propietario del Producto. El Product Backlog siempre se prioriza por el valor para el negocio, y la viabilidad y el costo de los ítems del Product Backlog son estimados por el Equipo de Desarrollo porque conocen y hacen el trabajo.

- Un sprint comienza con una reunión de planificación de la primera parte del sprint, en la que se determina lo que se tratará en cada sprint. Generalmente, estos son los ítems en la parte superior del Product Backlog.

- Posteriormente, en la parte 2 de la planificación del sprint, el equipo—en presencia del Propietario del Producto—determina cómo se realiza el trabajo y cómo avanzarán en el mismo.

- Cada sprint, una serie de tareas que se trasladan del Product Backlog al Sprint Backlog. Al hacer esto, estos ítems más significativos del Product Backlog se dividen en tareas más pequeñas que el equipo puede abordar a diario.

- También es necesario que el Equipo de Desarrollo haga progresos transparentes. Esto se hace a través de un "gráfico burndown".

- El Propietario del Producto y el Equipo de Desarrollo han llegado a acuerdos. Por ejemplo, se entiende claramente lo que significa un producto terminado y un ítem Backlog. Esto está escrito en la definición de hecho.

"Hecho" significa: tan bueno que puede ser llevado a la producción.

- Cada día el equipo tiene una reunión diaria de Scrum o una reunión de pie de no más de quince minutos. Durante esta reunión, el equipo de desarrollo repasa las tareas del Sprint Backlog juntos, utilizando varias preguntas estándar. Esta reunión es pública, y las partes interesadas pueden escuchar. Solo pueden observar y no deben intervenir durante esta reunión.

- Al final del sprint, hay una reunión llamada "revisión del sprint". Allí, el Equipo de Desarrollo muestra los resultados al Propietario del Producto y a las partes interesadas internas/externas y luego recibe retroalimentación. El equipo solo entrega los resultados que están "hechos", es decir, que pueden ser llevados a la producción por los usuarios.

- Después de que la revisión del sprint se completa, el equipo realiza una retrospectiva del sprint para hacer una pausa y discutir cómo fueron las cosas durante el sprint. ¿Qué fue bien? ¿Qué se puede mejorar? Asegurarse de que se hagan acuerdos, para mejorar el proceso de los próximos sprints.

## Equipo de Desarrollo

El tercer rol dentro de Scrum, como habrán notado, es el Equipo de Desarrollo. Dentro de Scrum, todo el mundo está desarrollando algo, por lo que todo el mundo es un desarrollador (¡no necesariamente un desarrollador de software!). Todos los profesionales forman parte del equipo de desarrollo, ya sea un profesional de RRHH, un ingeniero de software o un analista de negocios. Cuando está en el equipo, estas etiquetas profesionales se desvanecen, haciéndole más consciente y enfocado en el objetivo del equipo y en el trabajo conjunto. Estos equipos son multifuncionales o multidisciplinarios. Por lo tanto, están formados por los profesionales necesarios para lograr los incrementos de producto. Eso es lo que los hace equipos auto-organizados; el equipo conoce el diseño, la programación/desarrollo, las pruebas y cualquier otra habilidad necesaria para llevar a cabo el proyecto con éxito.

Deben decidir en qué trabajarán y cómo lo harán—sin mucha o ninguna ayuda externa. En un equipo de desarrollo, la colaboración es crucial. Por lo tanto, si hay un problema con las pruebas o se necesita más esfuerzo en esa área, un analista de negocios en el equipo del producto puede intervenir y dar una mano. Ser colaborativo significa que puede renunciar a algunas de sus responsabilidades o asumir algunas tareas adicionales para lograr el objetivo. Finalmente, el equipo no debe ser demasiado grande.

El Equipo de Desarrollo hace todo el trabajo para convertir la visión del Propietario del Producto en un producto funcional. Hacen todo el trabajo directo para completar el producto. Nadie trabaja directamente en el producto antes o después de que el equipo comience o termine. Esto significa que el equipo reúne los requisitos, realiza el análisis, hace un diseño, se ocupa de la arquitectura subyacente, implementa el producto (incremento), hace las pruebas, la instalación y la documentación. Todo esto lo hace un equipo multidisciplinario de alrededor de cinco a nueve personas. ¿Podría Scrum trabajar con más gente? Bueno, no en el mismo equipo, ya que eso lleva a demasiados gastos generales. Agregar gente a un equipo ya es menos efectivo con ocho o nueve porque se pierde la concentración y el compromiso. ¿Y qué hay de usar Scrum con menos de cinco personas? Esto podría ser posible, pero entonces el Scrum Master o el Propietario del Producto suelen tener un doble papel. Eso está lejos de ser ideal. No se puede usar Scrum con una o dos personas. ¿Qué haría una persona durante la reunión de pie? ¡Por supuesto, es posible que una o dos personas incorporen varios elementos de Scrum en sus procesos, pero no Scrum en su totalidad, porque Scrum es un deporte de equipo!

Por ejemplo, si se está desarrollando un sistema de comunicación con el lenguaje de programación Python, es posible que se necesite un arquitecto asistente, dos desarrolladores de Python, un analista de negocios y un tester. Si el sistema de comunicación requiere un diseño fresco o alguna forma de interacción, entonces se agrega un experto en CSS al equipo. Varios proyectos podrían consistir en una amplia variedad de profesionales. Aunque el equipo de desarrollo en Scrum es multidisciplinario, esto no significa que todos los expertos dentro del equipo necesiten tener habilidades interdisciplinarias, tales como: un profesional que pueda programar y hacer el trabajo de diseño también. De hecho, los miembros del equipo a veces hacen tareas que no están en sus conjuntos de habilidades apropiadas. Por ejemplo, si el tester está muy ocupado, un desarrollador podría intervenir y tomar algunas de las tareas del tester. Esto hace evidente que Scrum se trata de hacer que el equipo gane. Piensen en un deporte como el fútbol, cuando el equipo A va ganando 1-0. El equipo A recibe un tiro de esquina, y es el último minuto del juego—entonces hasta el portero se adelantará. El portero es consciente de que no es la posición natural de un arquero, pero todo es para el propósito superior de ganar.

Además, el Equipo de Desarrollo es responsable de asegurar que se haga todo el trabajo. El equipo debe ser lo suficientemente maduro para ponerse en marcha después de que el Propietario del Producto discuta los requisitos. Por supuesto, a veces es posible que algunos conocimientos especializados no estén presentes en el equipo. El equipo puede entonces buscar ayuda o experiencia externa. Estas actividades siguen siendo responsabilidad del equipo. No olvide que el equipo se organiza por sí mismo. Otro aspecto importante dentro de Scrum es que se trabaja con equipos fijos, que trabajan juntos sprint tras sprint. Por lo tanto, el equipo crece junto y los miembros del equipo se sintonizan más entre sí. Un buen Propietario del Producto necesita saber cuánto tiempo requieren los ítems del Product Backlog —como los requisitos— y cuánto cuestan. Por lo tanto, el Propietario del Producto necesita estimaciones. ¿Y quién es mejor para entregar estas estimaciones que el Equipo de Desarrollo que tiene la experiencia y tiene que hacer el trabajo? No caiga en el clásico error de hacer estimaciones como Propietario del Producto o Scrum Master, o de dejárselo a una de las personas del equipo. Todo el equipo da las estimaciones. Todavía me parece irreal que, en algunas organizaciones, un gerente haga estas estimaciones mientras no tiene ningún conocimiento del trabajo.

Scrum es un proceso que está destinado a trabajos de naturaleza más compleja, como el desarrollo de productos. Son empresas inciertas, con un propósito claro, pero sin una trayectoria clara que recorrer. Debido al dinamismo de tales proyectos, planificar cualquier cosa en detalle por adelantado es ridículo. Hay demasiadas variables que no se pueden predecir antes de hacer el trabajo. Esto hace que la planificación en profundidad sea innecesaria, por decir alguna cosa. Muchos proyectos dinámicos fallan, porque la estimación de las tareas se hace mal. Scrum es un proceso empírico en el que se está en un constante "modo de aprendizaje". Todo lo que aprendemos se utiliza en los próximos sprints y se pone en práctica inmediatamente. Así, cosas como los diseños, el código de programación y la documentación siempre se adaptan a los deseos y las necesidades de los clientes o usuarios finales.

Una vez que todo el trabajo ha sido planeado durante las revisiones de sprint, el Equipo de Desarrollo puede comenzar. El equipo hace el Backlog del Sprint colgando los elementos del Product Backlog y las tareas relacionadas en la pared o en una pizarra, formando la llamada "pizarra Scrum" creando las secciones

"Por hacer", "Haciendo" o "Hecho". Esto les da a todos una buena visión general del trabajo en el sprint actual, no solo para el equipo, sino para todos los que entran en la sala y echan un vistazo a la pizarra de Scrum. Además, el progreso es seguido por el equipo en el gráfico burndown dibujado en otro pizarrón o rotafolio, y colocado junto a una nota con la "definición de hecho" del equipo. Así, se indica la línea ideal de progreso y cuánto se ha hecho del trabajo, incluyendo cuándo podemos decir que el producto (incremento) está terminado.

Para ilustrar esto con más detalle, tomemos el siguiente ejemplo. Digamos que el Equipo de Desarrollo trabaja en conjunto de lunes a jueves. Cada día comienza con una reunión de pie. Esta es una consulta rápida del equipo, y es lo primero que se hace cuando llegan los miembros del equipo. Es aconsejable hacerlo primero por la mañana, por ejemplo, a las 9 de la mañana, o a las 9.30 si eso le conviene más al equipo. Esto es mucho mejor que revisar sin pensar los correos electrónicos pendientes o nuevos. En cambio, esta reunión diaria de pie pretende coordinar el trabajo para el día siguiente. Cuanto más temprano en el día, mejor. Mantiene a los miembros del equipo concentrados para que puedan ponerse a trabajar de inmediato sin perder tiempo. Recuerde que este es el momento de sincronizar y no de informar. Hay otras reuniones para informar sobre los progresos. Es una reunión del equipo, al igual que los trabajadores de la construcción en un proyecto tienen una reunión de trabajo por la mañana. Discutirían cosas como, "Oh, esta mañana, es probable que llueva, así que me encargaré de arreglar el techo primero, antes que otras tareas". Un colega podría decir: "Bueno, si vas a arreglar el techo de todos modos, puedo ocuparme de mi tarea con respecto a la antena simultáneamente. Iré contigo".

Este ejemplo se ajusta a muchos de los valores o principios de Scrum, en concreto: Dedicación, concentración, apertura, respeto y coraje. Estos son importantes para entregar el mejor producto posible; mejor de lo que el dueño del producto podría haber previsto. Siempre se puede "hackear" el sistema dando estimaciones altas a cosas que el Propietario del Producto no puede estimar o verificar. La forma de tratar esto se tratará más adelante, pero siempre tenga en cuenta que está desarrollando un producto para el Propietario del Producto. Intente apoyarlo con toda su experiencia, disciplina, enfoque, creatividad y sentido de la responsabilidad. Y si no se cree en el producto, entonces es su trabajo dar su opinión respetuosamente; ¡sea abierto al respecto! El Propietario del Producto solo se beneficiará de esto a corto—y largo plazo—porque esta apertura o transparencia tiende a dar lugar a mejores productos y a una mayor satisfacción del cliente.

Después de una o dos semanas, lo ideal es que llegue el momento crítico, es decir: la revisión del sprint, en la que el Equipo de Desarrollo muestra el trabajo terminado al Propietario del Producto y a las partes interesadas. Todo el equipo trabaja en este momento, para dar una demostración y recibir retroalimentación. El equipo siempre debe adoptar una mentalidad de crecimiento. Cuando este es el caso, el equipo prefiere escuchar que algo es bueno o no, porque esto les da tiempo para reajustarse y crecer en el proceso para entregar productos aún mejores. Durante la demostración, el equipo puede mostrar algo más que las pantallas/páginas web o el sistema. Piensa en cosas como los resultados de las pruebas y la documentación. Esto es útil especialmente cuando están presentes los interesados del equipo de gestión. En lugar de una demostración, el equipo de desarrollo también puede pedir a los interesados que se sienten detrás de las máquinas de desarrollo del equipo para probar el sistema. Debido a este enfoque práctico, los interesados pueden tener una mayor percepción del sistema y, con suerte, dar una mejor retroalimentación. Deje que cada miembro del equipo guíe a un interesado y tome nota de las preguntas, comentarios y especialmente de la retroalimentación. De esta manera, se matan dos pájaros de un tiro, diseñando inmediatamente una parte de la prueba de aceptación del usuario.

Después de que los interesados hayan dado su retroalimentación, el Equipo de Desarrollo se retira para reflexionar sobre el período final. La reunión retrospectiva del sprint permite al equipo tomarse el tiempo para mejorar. Scrum anima a los equipos a evaluar los procesos y el desempeño de las tareas porque esa es la manera de seguir creciendo. Es esencial que el equipo se tome el tiempo para revisar lo que se puede mejorar y para analizar seriamente lo que no va bien. Por lo tanto, no hay personas ajenas a la retrospectiva del sprint. El Scrum Master y el Propietario del Producto pueden unirse a esta reunión porque ambos son parte del equipo Scrum que trabaja hacia un objetivo en común.

Sin embargo, es vital que todos los miembros del equipo se sientan cómodos para compartir sus experiencias, errores y victorias. Hay muchas técnicas para crear una reunión retrospectiva, y esto se tratará más adelante. Por ahora, debe saber que, durante esta reunión, los miembros del equipo descubren algunos puntos para mejorar. Hay que pensar en cosas como: "Mantener la reunión de pie en solo quince minutos", "Pedir consejo a un consultor externo", o Hacer mejores ajustes a la 'definición de hecho'". Siempre hay algo que podría ser mejor. Especialmente cuando el equipo es nuevo en el mundo de Scrum, muchas cosas salen mal, y eso es lógico cuando se empieza.

Es responsabilidad del equipo de desarrollo acordar un par de acciones concretas para mejorar el trabajo con Scrum al final de la reunión retrospectiva del sprint. Además, es necesario comprometerse a cuidar estos puntos—Tome los siguientes puntos como punto de partida:

- Comenzar la reunión diaria de pie a las 9 a.m. y no más tarde.

- Trabajar en parejas siempre que sea posible.

- Anotar cuando un miembro del equipo se ausente en un archivo compartido.

- Dedicar más tiempo al Propietario del Producto para perfeccionar el Product Backlog.

En cualquier proyecto, es esencial tener el equipo adecuado con las competencias adecuadas. ¿Pero dónde buscamos cuando reunimos a nuestro equipo de Estrellas? Si usted es responsable de reunir el equipo Scrum, necesita saber más sobre cómo hacerlo adecuadamente, porque el equipo puede hacer o deshacer cualquier proyecto. Entonces, ¿Está listo para reunir a su equipo de Esstrellas de Scrum por el éxito del proyecto? ¡Hagámoslo!

# Capítulo 4: Equipos de Scrum: Reuniendo a Su Equipo de Estrellas

Priorizar el trabajo atrasado y trabajar en los ítems no es una tarea que se haga en soledad. Junto con las diversas partes interesadas, se seleccionan los elementos esenciales en los que se va a trabajar. Antes de que cualquier trabajo se lleve a cabo, debe formar su equipo "Estrella" de Scrum. El equipo Scrum no es solo un equipo, es un equipo multidisciplinario. Dependiendo del proyecto, el equipo debe incluir personas con diversos conocimientos, como diseñadores, desarrolladores y analistas de negocios. Cada miembro del equipo es consciente de la naturaleza colaborativa en la que se basa Scrum. Por lo tanto, a nadie le importa echar una mano y compartir las responsabilidades para el bien mayor de lograr el objetivo del sprint. En mi experiencia como profesional de Scrum he aprendido que es preferible un diseñador "decente", por ejemplo, que encaje bien en el equipo de Scrum y en la cultura que lo rodea, que un diseñador "sobresaliente" que no lo haga. Cuando reclute a alguien para el equipo: asegúrese de que siga las reglas; no le importe echar una mano (aunque sea para algo de lo que no sea directamente responsable); y que encaje en la cultura.

Cuando es usted el responsable de reunir al equipo, debe tener algunas cualidades en orden. Tener estas cualidades en su lugar es la diferencia entre formar un simple "buen" equipo y un "magnífico" equipo. Estas son algunas de las mejores cualidades:

**Integridad.** Demasiada gente habla de la integridad y su importancia, pero no saben lo que realmente implica. ¿A qué nos referimos cuando aseguramos la integridad en un proyecto, o cuando trabajamos con integridad? La definición exacta depende del contexto. El contexto al que nos referimos aquí es tener integridad en un proyecto en el que se emplea Scrum. Con este contexto en mente, la definición mencionada por el Diccionario de Cambridge encaja muy bien: "La cualidad de ser honesto y tener fuertes principios morales que se niega a cambiar". Cada Scrum Master tiene que lidiar con algunos problemas dentro del equipo. Tener un fuerte sentido de la honestidad le beneficiará a usted, pero también a sus compañeros de equipo. Cuando nadie en el equipo Scrum confía en los demás, cuando la gente no es honesta, los resultados estarán lejos de ser los deseados. Lo mismo ocurre con el seguimiento de los principios y reglas de Scrum. Como Scrum Master, usted debe ser el primero en adherirse a estas reglas y ser un ejemplo en términos de integridad también.

**Demuestre responsabilidad.** Cuando se demuestra responsabilidad como Scrum Master, es más fácil para los miembros del equipo mostrar responsabilidad en sus tareas también. Como Scrum Master, tiene que planificar cualquiera de las revisiones, reuniones de pie u otras ceremonias. Si usted falla en esta área, se convertirá en una bola de nieve para el equipo de desarrollo y eventualmente para el producto que el equipo pretende entregar. Admiro la definición compartida por la Universidad de Nottingham Trent, que dice: "El liderazgo responsable consiste en tomar decisiones empresariales sostenibles que tengan en cuenta los intereses de todas las partes interesadas, incluidos los accionistas, los empleados, los clientes, los proveedores, la comunidad, el medio ambiente y las generaciones futuras". Me gusta esta definición en particular porque deja claro que la responsabilidad es más que la autosuficiencia. Por supuesto, tenemos que ser responsables de nuestras tareas y terminarlas con gran esfuerzo, pero hay algo más; la responsabilidad no se detiene ahí. Aplicando el Scrum, desarrollará un mayor sentido de responsabilidad sobre el producto a entregar, debido al énfasis en la colaboración.

**Sea amable.** No conozco a nadie que quiera un gerente o un Scrum Master que sea grosero y se queje continuamente con cada persona del equipo. En lugar de estar frustrado todo el tiempo, sea amable. Sea el que levanta a la gente cuando están deprimidos. Sea el que escucha a los demás y aborda los problemas tan pronto como surgen. Sea el que marca la diferencia entre un buen y un gran equipo. Comportarse de manera positiva y ser amigable puede cambiar el desempeño de su equipo para mejor, incluso si el equipo está lleno de practicantes de Scrum principiantes.

Para entrar más en el proceso y en los aspectos prácticos: por lo general, el equipo Scrum está formado por unos cinco a nueve miembros. Todos los roles deben estar representados: Propietario del producto, Scrum Master, y el Equipo de Desarrollo. El equipo debe tener profesionales con todas las habilidades necesarias para llevar a cabo el proyecto. No hay una forma única de organizar el equipo. Esto depende principalmente del tipo de proyecto y de la organización, pero hay algunas formas comunes de organizar un equipo.

o **Centrarse en los clientes y usuarios finales.** Un producto que se desarrolla durante un proyecto Scrum puede tener varias variables y numerosos tipos de usuarios. Tener una organización basada en los clientes facilita el proceso de desarrollo, porque hace que el equipo se centre en lo que el cliente realmente quiere y no en lo que el equipo *cree* que el cliente quiere.

o **Centrarse en los productos.** Este tipo de equipos se ven normalmente en las empresas de nueva creación porque no tienen la cantidad de complejidad que tienen las empresas más grandes. Por lo tanto, los productos pueden ser desarrollados con características menos complejas a un ritmo más rápido.

o **Centrarse en las características.** Cuando se trabaja en un proyecto, el equipo quiere centrarse en añadir, eliminar o innovar características. Esto es especialmente útil si el producto que se va a desarrollar es demasiado significativo para que un solo equipo pueda avanzar.

o **Centrarse en una combinación de factores.** Aunque hay varias vías para organizar a su equipo, puede ser aconsejable que su equipo tome lo mejor de estas **vías** de organización mencionadas. Por lo tanto, una combinación de centrarse en el cliente, los productos y las características, son más útiles en la práctica. De lo contrario, el equipo podría centrarse demasiado en un subconjunto particular, mientras que el proyecto está interconectado entre múltiples subgrupos, como los diferentes clientes, productos o tipos de productos que desean, y las características específicas de cada tipo.

Además de la planificación del sprint, debemos ver cómo los miembros del equipo de desarrollo trabajan juntos. Dentro de Scrum, trabajamos con equipos multidisciplinarios con diversos conocimientos. Digamos que tenemos dos diseñadores con experiencia de usuario (UX), tres desarrolladores de software y un tester. Los diseñadores de UX se centran en el aspecto del incremento del producto; hacen varias maquetas, wireframes, y más. Los desarrolladores de software escriben el código para el incremento del producto, y los testers se aseguran de que los casos de prueba sean atendidos. Como puede considerar, esto puede crear varios límites, como hemos visto en las metodologías tradicionales. Estos límites pueden ser físicos, pero también organizativos. ¿Y si los diseñadores quieren seguir diseñando hasta que todo sea "perfecto"? ¿Y si los desarrolladores quieren escribir todo el código "perfectamente" antes de discutirlo con el tester? Porque no han terminado con las tareas, se sientan en habitaciones separadas. Esto está lejos de ser ideal. Por lo tanto, asegúrese de tener en cuenta lo siguiente para evitar las trampas de las metodologías tradicionales:

- **Asegúrese de que los profesionales se sienten juntos.** Todos ustedes son un equipo por una razón. Un equipo está destinado a estar cerca de los demás y no en habitaciones separadas. Permita que los miembros del equipo se sienten con los profesionales con los que trabajan en el sprint. Coloque sus escritorios uno al lado del otro y elimine los límites físicos en la medida de lo posible.

- **No espere.** Por favor, asegúrese de que ningún miembro del equipo esté esperando. En lugar de eso, *adopte la forma iterativa de trabajo* proclamada en las metodologías ágiles. Por ejemplo, en el caso de los diseñadores, mostrar los primeros bocetos a los desarrolladores. Y los desarrolladores, cuando terminen la primera media página del incremento del producto, mostrarlo al tester y explicar los detalles. Después, los testers pueden encontrar una forma adecuada de probar el incremento del producto, interactuando con los desarrolladores para obtener claridad. Por ejemplo, los testers podrían pensar en: "¿Qué pasa si el cliente añade una 'y' en la función de búsqueda?". Más sobre esto se discutirá más adelante, porque estos tipos de residuos son cruciales en los proyectos Scrum.

    o **Limite el "trabajo en curso"**. Al igual que el punto anterior, esto no es necesariamente algo dentro de Scrum sino más bien de Lean y Kanban. A pesar de esto, puede ser un factor que cambie los resultados generales de su proyecto Scrum. Por lo tanto, asegúrese de limitar el "trabajo en curso" en lo que respecta a los distintos miembros del equipo. Por ejemplo, si los desarrolladores de software avanzan y terminan tres páginas, pero el tester solo puede probar una página, esto crea un cuello de botella en el proceso y deja al tester abrumado. Con un equipo que adopta el trabajo iterativo y colaborativo, esto es más fácil de lo que se piensa. Trabajar en una cosa, por ejemplo, una página, terminarla y pasar a la siguiente.

Cuando el equipo Scrum trabaja, es esencial tener un flujo continuo día tras día. Los diseñadores de UX y los desarrolladores de software están diseñando y desarrollando el software. Los desarrolladores están escribiendo una prueba unitaria y probando lo que están haciendo, hasta cierto punto. Luego, este trabajo es verificado en un control de fuente que está conectado a la integración continua. La integración continua ayuda al equipo a diseñar un software de calidad más rápido. También ayuda a entregar nuevas funcionalidades a los clientes o interesados más rápidamente mientras los desarrolladores se vuelven más productivos y mejoran la calidad del software. Con las herramientas de integración continua como las creadas por Google Cloud, se pueden crear construcciones automatizadas, realizar pruebas, entregar entornos y escanear artefactos en busca de vulnerabilidades de seguridad, todo en cuestión de minutos. La integración continua es esencial para hacer que su equipo trabaje como "un solo cuerpo". En resumen, estos son algunos de los beneficios:

- **Un desarrollo más eficiente y una mayor productividad.** Acelerar la retroalimentación de los desarrolladores ejecutando construcciones y pruebas en máquinas que están conectadas a través de redes de alto rendimiento. Realizar construcciones en paralelo en múltiples ordenadores para una rápida retroalimentación. Esto resulta en un menor tiempo de detección de errores.

- **Escale a la luna sin preocuparse por el mantenimiento.** ¿Le preocupa el largo tiempo de diseño y pruebas que su equipo enfrenta cuando crece? Hay varias herramientas para la integración continua que se escalan automáticamente. Esto permite al equipo hacer cien o incluso miles de construcciones cuando la cantidad de miembros del equipo o proyectos crece.

- **Haga que los productos incrementales seguros sean parte de los esfuerzos de su equipo.** No imagine la seguridad al final de un sprint. Asegúrese de que la seguridad se compruebe continuamente. Si los miembros del equipo no quieren ocuparse de esto por sí mismos, asegúrese de tener algunas herramientas para hacerlo. Muchas herramientas pueden buscar problemas de seguridad tan pronto como se introducen nuevos artefactos. Incluso dan la opción de exportar informes detallados sobre el impacto de estos problemas de seguridad y sus posibles soluciones. Además, es posible establecer políticas para diferentes entornos de trabajo. Así, solo los artefactos verificados tendrán un lugar en el producto final.

- **Otorgue a su equipo más flexibilidad.** Con el software de integración continua, puede empaquetar su código fuente en contenedores Docker, por ejemplo, o en artefactos que no sean contenedores. Esto hace posible construir herramientas que vemos en muchas organizaciones, ya sean pequeñas o grandes, como Maven o Go.

Cuando un nuevo código se comprueba en este sistema de integración continua, inmediatamente es captado y construido con todo lo demás. Esto debe ser entendido en un equipo que frecuentemente trabaja en la misma base de código, como Go. Cuando este es el caso, en el momento en que un desarrollador comprueba algo en el control de la fuente, sabe si se interrumpe algo que alguien más ha desarrollado. Después, puede centrarse en la ejecución de pruebas de características, como la característica de búsqueda. Por lo general, en las etapas preliminares, las pruebas serán hechas manualmente por los miembros del equipo.

Para la satisfacción del cliente, la prueba es imperativa. Es crucial para los clientes que el producto que el equipo desarrolla funcione bien. Eso significa que no hay errores, bugs, y que el producto hace lo que debe hacer basado en los requisitos establecidos. En Scrum, los desarrolladores prueban si lo que han desarrollado funciona, pero para los grandes proyectos, esto es mucho más complejo y requiere mucho más tiempo. Un simple formulario de búsqueda tendrá, en algunos casos, rápidamente docenas de resultados diferentes, o escenarios, basados en el formulario. Todos estos escenarios deben ser comprobados. Afortunadamente, es posible probar automáticamente estos tipos de escenarios usando varias herramientas o software. Aunque la automatización de las pruebas es genial, no siempre es posible. Una desventaja de la automatización de este proceso es que la creación de pruebas automáticas requiere tiempo y dinero. Hay que llegar a acuerdos claros con el equipo sobre qué escenarios se prueban y cuáles no, con qué frecuencia se prueban y cómo es la prueba. Las pruebas deben ser escritas y revisadas por varios expertos que trabajan en el producto. Muchos tipos de pruebas pueden ser automatizadas, pero con una prueba de usuario, esto es un poco más complicado. La prueba manual por el grupo objetivo es normalmente esencial aquí.

Por otro lado, hay herramientas para medir la experiencia del usuario de forma automática. Las pruebas automáticas pueden proporcionar una sensación de falsa seguridad. Sin embargo, es esencial monitorear las pruebas y el incremento del producto en el que el equipo está trabajando. Podría ser una característica de un sitio web, una aplicación o una tienda virtual. Por lo tanto, automatizar las pruebas no significa que ningún miembro del equipo tenga que hacer nada para que esto funcione. Sin embargo, cuando todo esté en marcha, tendrá un efecto tremendo en la productividad del equipo a largo plazo.

Lo que tiene que recordar es que las pruebas no son algo que se hace al final del sprint. Las pruebas deben hacerse (casi) todos los días que el equipo se reúna. Las pruebas continuas hacen visibles los posibles cuellos de botella y permiten al equipo ajustarse rápidamente, siempre que sea necesario. Este es el concepto de inspeccionar y adaptarse a un nivel micro, es decir, dentro de un sprint.

Al principio, si los miembros del equipo son nuevos en el Scrum, pueden ver que trabajar en estos pequeños incrementos es menos eficiente. Como cuando un desarrollador dice: "Puedo desarrollar más páginas, ¿por qué tengo que esperar?". Bueno, el desarrollador puede ser capaz de desarrollar diez cosas, pero solo podemos testear tres. Desarrollar más no es útil, porque no es posible liberar un código no probado. Más adelante, este enfoque de hacer a veces menos valdrá la pena, porque nada—o muy poco— tiene que cambiar para que las cosas funcionen al final del sprint. Dejar que cada profesional se ocupe de su trabajo en su totalidad antes de discutir fue un elemento crítico en la forma en la que se abordaron los proyectos en el pasado. Sin embargo, esto resultó en muchas frustraciones, porque muchas cosas tuvieron que cambiar más adelante. Con Scrum, estos cambios pueden ser atendidos inmediatamente después de que los profesionales hayan discutido su progreso. Por lo tanto, en una etapa posterior, no hay mucho que "limpiar" o reparar, lo cual termina ahorrando mucho un tiempo y dinero.

# Capítulo 5: Artefactos de Scrum

Además de los papeles particulares, Scrum tiene múltiples artefactos. En la práctica, vemos que los equipos de Scrum comienzan con la llamada "visión del producto". Aunque esto no es necesariamente parte de la Guía de Scrum, he notado que los proyectos luchan sin ella. Sin este artefacto, es difícil–incluso imposible–avanzar en un proyecto y obtener excelentes resultados. La visión del producto nos ayuda a seguir adelante con el proyecto. Deja claro quién es nuestro mercado objetivo, quiénes son las personas que necesitarán lo que producimos durante el proyecto, y cuáles son sus deseos. ¿A qué retos se enfrentan? Además, la visión del producto debe ser clara sobre la necesidad u oportunidad de negocio específica que el equipo persigue.

Además, describe los elementos clave que son necesarios para el producto que se desarrollará durante el proyecto. Por último, debe haber una comprensión cabal del valor que el proyecto aportará a la organización. Por lo general, el "por qué" es vago para las personas que trabajan en el proyecto, lo que dificulta el trabajo duro para alcanzar el objetivo. Es "por qué" podría ser cualquier cosa, desde la cantidad de dinero obtenida por la empresa hasta la creación de un mayor impacto para su mercado específico.

Otro artefacto crítico que puede no ser parte de la Guía de Scrum es el plan de lanzamiento. Aunque no es necesariamente parte de la Guía de Scrum en sí, en cualquier proyecto tenemos que conocer el plan de juego, y el plan de lanzamiento simplifica este proceso. Las respuestas a preguntas como: "¿Cómo vamos a enfrentar los desafíos y superar los obstáculos desconocidos?" y "¿Cuándo se entregarán las cosas?" se pronostican totalmente basadas en datos empíricos. Los datos empíricos son datos sobre cómo se ha desempeñado el equipo en el pasado. Por lo tanto, no se trata de cómo pensamos que vamos a hacerlo, sino de lo que los miembros del equipo han demostrado que *pueden* hacer. Usted debe saber que el plan de lanzamiento tiene una superposición en la parte superior del Product Backlog. Nos dice cuántas cosas del Product Backlog se pueden hacer en cada bucle de retroalimentación. Además, el plan de lanzamiento se actualiza en cada sprint porque mientras trabajamos, recogemos más y más datos empíricos sobre cómo va el trabajo, y si el equipo va por el buen camino. A continuación, puede leer más acerca de los artefactos de Scrum más importantes que se encuentran en la Guía de Scrum.

## Product Backlog

Probablemente el artefacto más crucial de Scrum es el Product Backlog. Esta es una de las dos listas principales utilizadas en Scrum. Este es el artefacto que es administrado por el Propietario del Producto, como se explicó anteriormente. ¿Por qué es tan importante este artefacto? Es vital porque es la fuente de todas las cosas que se requieren en el producto incremental. Es una lista bien ordenada y priorizada de todas las funciones, requisitos, correcciones y mejoras del producto incremental. No hay ningún otro artefacto o documento en el que se enumeren los requisitos. Todos los miembros del equipo se refieren a este artefacto, y solo a este; no debería haber múltiples versiones dando vueltas.

El Product Backlog es la lista que contiene todo lo que hay que hacer para crear el producto. Es así de simple, y las cosas no deberían ser complicadas sin motivo. La idea es que usted sepa qué hacer, y que todos sepan lo que se ha acordado, y que el trabajo todavía se tiene que hacer. Scrum no es solo empezar sin una meta o dirección; como muestra la visión del producto. Pero, en Scrum, reconocemos el hecho de que las cosas cambian durante el proceso de trabajo y evolucionamos constantemente como equipo. Por eso el Product Backlog nunca es una lista estática de ítems. Las nuevas ideas significan que se añadirán nuevas cosas al Product Backlog; los problemas anteriores se eliminarán si se han solucionado; y el orden de los artículos puede cambiar. El desarrollo de nuevos productos es demasiado complicado para realizarlo con un plan preconcebido. El Product Backlog está lejos de ser un plan preconcebido, da cabida a los proyectos innovadores y dinámicos a los que nos enfrentamos hoy en día. El punto crítico es que el Product Backlog solo responde al "qué", es decir, a las propiedades del producto en un sentido funcional. Por ejemplo, la función "Añadir al carrito". El objetivo del Product Backlog no es explicar el "cómo", por ejemplo, cómo el equipo de desarrollo va a averiguar el elemento del backlog "Añadir al carrito". Ese es el trabajo del equipo encargado de averiguarlo.

Al limitarse a responder el "qué", todos los involucrados se mantienen a bordo. Este backlog está hecho para todos: el equipo, pero también para los interesados internos y externos. Por lo tanto, es imperativo hacerlo comprensible para cada parte involucrada, ya sea técnica o no técnica. Aunque el "cómo" no se responde en el Product Backlog, es bueno tener una explicación del "por qué" un determinado elemento aparece en él. Cuando el backlog es claro y libre de jerga, constituye una herramienta de comunicación muy eficaz y atrae a las partes interesadas a participar en debates significativos.

El Product Backlog es gestionado por el Propietario del Producto. El Propietario del Producto es el jefe del Product Backlog. Solo el Propietario del Producto puede determinar si algo ocurre en el backlog y con qué prioridad. Como miembro del equipo, nunca use su posible conocimiento tecnológico, o cualquier conocimiento que pueda tener, para conseguir información sobre el Product Backlog. En otras palabras: como Propietario del Producto, no incluya en el backlog cosas que provengan del equipo que no entienda. Si lo explican y se aclara, siempre puede añadirlo al backlog. Sin embargo, si tiene dudas, no lo agregue al backlog. Por lo general, puede identificar estos elementos discutibles, cuando un miembro del equipo utiliza palabras como "genérico", "arrepentimiento", y "más tarde", en su explicación.

Espero que ya se hayan dado cuenta de que los ítems del Product Backlog se llaman ítems del Product Backlog. Sí, no es muy innovador, pero hace el trabajo. Lo que solemos ver en los proyectos reales de Scrum es que estos elementos del Product Backlog están formados por historias de usuarios. Las historias de usuario son una forma particular de describir los requisitos funcionales en el Product Backlog. Estas historias tienen por objeto expresar específicamente los deseos de los usuarios en materia de funcionalidad. Esto se explicará más adelante. Sin embargo, no todo lo que está en el Backlog es una historia de usuario o un requisito. Varios tipos de ítems pueden formar parte del Product Backlog, como, por ejemplo:

- o **Problemas**. Durante el proyecto, pueden aparecer múltiples errores o problemas que necesitan ser arreglados para avanzar. Por lo tanto, no se debe crear ninguna otra hoja de cálculo o documento con errores o similares. Estos deberían tener un lugar en el backlog.

○ **Requisitos.** Por supuesto, los requisitos también tienen un lugar en el backlog. Estos pueden ser de numerosos tipos, como requisitos funcionales, no funcionales, requisitos del sistema, etc.

○ **Anhelos y deseos.** Cuando se trabaja en el producto, los interesados pueden dar su opinión y compartir sus conocimientos. Lo mismo ocurre con los clientes, que pueden desear ciertas características. Si el equipo ve el valor en estos asuntos, pueden añadirse al Product Backlog.

Cuando este tipo de ítems tienen un lugar en el Backlog, esto crea más transparencia. Después de que el backlog es definido, es hora de priorizarlos. Los elementos esenciales del Backlog deben tener un lugar en la parte superior, y deben estar en orden. Para facilitar este proceso, se puede hacer uso del método MoSCoW, que es un método para priorizar las tareas y llegar a un entendimiento común con los miembros del equipo, (qué trabajo debe ser tratado primero, cuál después, etc.) MoSCoW es un acrónimo de lo siguiente:

○ **Imprescindibles.** Estos son los requisitos que tienen que estar en el producto final. Sin ellos, el producto es inútil.

○ **Debe tener.** Cuando lo "imprescindible" es abordado a continuación se pasa a lo que se debe tener. Estos son los asuntos que son muy deseables, pero el producto podría sobrevivir sin ellos.

○ **Podría tener.** Estos son requisitos en los que el equipo solo debe embarcarse cuando queda tiempo en un sprint.

○ **No lo tendrá.** Estos son los asuntos que no se abordarán en el actual sprint(s) pero que pueden ser útiles en futuros proyectos.

Usar esta técnica es útil, pero asegúrese de que el equipo no caiga en algunas trampas comunes. Lo que puede suceder es que los miembros del equipo pongan todos o—demasiados elementos— en la categoría de "imprescindible". Siempre compruebe dos o tres veces si estas cosas son vitales para dar vida al producto. Además, los miembros del equipo pueden ser parciales cuando los ítems se clasifican juntos. Por lo tanto, puede dejar que cada uno clasifique los artículos primero y luego discutir la clasificación de cada miembro del equipo. Esto deja espacio para la discusión y aporta valiosas ideas. Como equipo, debemos atrevernos a proponer soluciones sencillas que dejen espacio para añadir complejidad en las últimas etapas de la producción. La búsqueda de soluciones simples puede ayudar a abordar los temas pendientes, porque los proyectos más grandes pueden tener alrededor de 55-65 elementos. En la práctica, incluso se puede encontrar una organización con cientos de ítems en el backlog. En resumen, esto está lejos de ser ideal, y es más que probable que el Product Backlog de productos esté lejos de ser optimizado. Siempre reevalúe si el backlog puede ser mejorado y reajustado. Si el backlog parece contener demasiadas tareas, vea si es posible combinar trabajos similares o reducir el número de tareas si no son necesarias por el momento. Haciendo esto se mantendrá el backlog limpio y claro. Incluso este tipo de agrupación puede hacerse en silencio por los miembros del equipo para evitar posibles sesgos.

|   | A | B | C | D |
|---|---|---|---|---|
| 1 | Priority | Estimate | Description | Remark |
| 2 | 200 | 8 | As a vacation shopper I want to compare different types of transport so that I can | |
| 3 | 400 | 2 | As a vacation shopper I want to receive a summary of my booking in my e-mail. | Make sure a summary appears on the webpage after booking and an email gets sent instantly afterwards. |
| 4 | 1200 | 4 | As an administrator I want to generate and track affiliate links | |

*Ejemplo inicial del Product Backlog*

Además, debe tener en cuenta que más del 85 por ciento son requisitos funcionales. Si detecta muchos requisitos técnicos o errores en el backlog, esto debería alarmarle de que hay algunos problemas serios con la calidad del producto. Si no estás seguro de si un ítem del backlog debe ser eliminado, hay una técnica genial para ayudarle a obtener más claridad que se llama "cinco veces por qué". Esta técnica le permitirá averiguar la causa raíz o el problema subyacente del backlog preguntando "por qué" cinco veces. Así, puede evaluar si tiene sentido dejarlo en el backlog o no. A continuación, se muestra un ejemplo del método.

Digamos que hay un artículo backlog relacionado con un cliente que recibe órdenes con retraso tres veces seguidas.

**¿Por qué Número 1?:** ¿Por qué el cliente recibió estos pedidos demasiado tarde?

Respuesta: La empresa de transporte, responsable de la entrega, no tenía los datos correctos de la dirección del cliente.

**¿Por qué Número 2?:** ¿Por qué la compañía de transporte no tiene los datos correctos del cliente?

Respuesta: La dirección del envío no coincide con la dirección del cliente.

**¿Por qué Número 3?:** ¿Por qué la dirección del envío no coincide con la dirección del cliente?

o Respuesta: El cliente se mudó a una nueva ubicación hace tres meses, y esta nueva dirección aún no está incluida en la base de datos de clientes del proveedor.

**¿Por qué Número 4?:** ¿Por qué la nueva dirección del cliente no está aún incluida en la base de datos de clientes del proveedor?

o Respuesta: El administrador se olvidó de ella y ha estado enfermo por un par de semanas.

**¿Por qué Número 5?:** ¿Por qué nadie pensó en cambiar la dirección?

o Respuesta: Nadie más que el administrador tiene el derecho de hacer un cambio en la base de datos de clientes.

Además, existe una técnica para clasificar los ítems del Product Backlog, haciendo que los interesados voten los artículos en función de su importancia. Por ejemplo, esto se puede hacer dando a cada uno dos o tres votos y haciendo que los distribuyan en los ítems colocando un punto al lado de ellos. Si los votos se dividen y el orden se hace evidente, el Propietario del Producto intentará deshacerse del mayor número posible de ítems con los votos más bajos o sin ellos. Solo piénselo: si hay cuarenta votos para ser distribuidos entre veinte grupos de ítems backlog, entonces puede deshacerse con seguridad de cada ítem con dos o menos votos. Puede utilizar la misma técnica con las partes interesadas para obtener más respuestas.

En serio, el poder de simplemente eliminar cosas está muy subestimado. No hay nada más fácil que no implementar los elementos: ¡No lleva tiempo, no tiene errores, no tiene mantenimiento, y no tiene documentación! Presta atención a las emociones de los interesados. Algunos ítems con pocos votos pueden ser esenciales para un interesado, así que, si está pensando en tirar un ítem, antes de hacerlo tenga una buena discusión. Es extraño que alguien encuentre un ítem muy importante, pero que a nadie más parezca importarle. Tal vez no haya apoyo, y el interesado deba aceptarlo. Probablemente no hay entendimiento, y el interesado deba crear apoyo. Como Propietario del Producto, puede alentar a sus interesados a dar su opinión sobre la decisión que tomaron. Si esto plantea cuestiones que no pueden resolverse, entonces sabe que algunas cuestiones necesitan una mayor investigación. Esto le hace consciente de los probables obstáculos desde el principio, lo que es mucho mejor que aprender sobre estos problemas cuando ya es demasiado tarde en el proceso. Para ilustrar esto con más detalle, puede ser que un interesado particular sea mucho más importante que un interesado promedio. Debe darle más oportunidades de opinar para que quede claro a los demás interesados que su opinión tiene un impacto significativo. En los próximos capítulos, aprenderá más acerca de los aspectos prácticos del Product Backlog, como la realización de estimaciones adecuadas y la elaboración de historias de usuarios. Sin embargo, para este capítulo, echaremos un vistazo a algunos artefactos más críticos.

## Sprint Backlog

El segundo artefacto crucial de Scrum es el llamado Sprint Backlog. Este artefacto se deriva del Product Backlog y puede ser visto como un plan para entregar el backlog para cada bucle corto de retroalimentación. El Sprint Backlog contiene todos los elementos para el sprint en el que el equipo está trabajando actualmente. En el

Sprint Backlog, encontramos todas las tareas para cumplir con un ítem del backlog. Por ejemplo, tome un ítem del backlog: "Área de Banners" para una agencia de diseño web que construye un sitio web de e-commerce. La historia del usuario para este ítem es: "Como profesional del marketing, quiero ser capaz de hacer un anuncio para conseguir clientes para nuestros productos". Las tareas correspondientes que aparecerán en el Sprint Backlog son: "Hacer un área de banners en el sitio web", "Dar al profesional de marketing el derecho de colocar un banner en el sitio web", "Probar si el banner está disponible para los clientes".

Además, el Sprint Backlog es un artefacto que pertenece al Equipo de Desarrollo y no a usted como Scrum Master o Propietario de Producto. El equipo lo crea, lo administra y lo mantiene actualizado. Por supuesto, el Sprint Backlog es dinámico y debe estar disponible y visible.

Al comienzo del sprint, el Sprint Backlog se crea durante la planificación del sprint. Lo más lógico es tomar los elementos principales del Product Backlog y usarlos como base para el Sprint Backlog. Pero puede ser útil elegir una composición ligeramente diferente según el objetivo que desee lograr durante el sprint. Esto se determina en la primera parte de la reunión de planificación del sprint. Puede ser que el Propietario del Producto vincule una serie de elementos que formen un tema, para que el Equipo de Desarrollo pueda llevar el producto a producción al final del sprint. También puede ser que, basándose en la última revisión del sprint, se tomen otras decisiones, en lugar de limitarse a recoger los ítems en la parte superior del Product Backlog.

La velocidad del equipo determina el número de ítems que se recogen; es decir, el número de puntos (puntos de historia) que un equipo puede abordar en un sprint, y esto suele basarse en los resultados obtenidos en el último sprint (más sobre esto más adelante). Puede ser, por supuesto, que un miembro del equipo esté ausente o que alguien esté entrenando. Entonces es bueno ajustar un poco la velocidad.

Cuando llene el Sprint Backlog, sea realista y no asuma más tareas de las que cree que puede manejar. Especialmente después de un sprint decepcionante, los equipos inexpertos a veces quieren ganar algo de confianza tomando menos elementos. Elija todo el trabajo que pueda entregar en base a los resultados recientes. En la segunda parte de la planificación del sprint, el equipo revisará los elementos con más detalle y los dividirá en partes más técnicas, para que quede más claro qué es lo que hay que hacer exactamente. Este es el momento en el que los elementos del Product Backlog, que describe principalmente el "qué" y "por qué", se traducen en tareas que describen el "cómo". Estas tareas más detalladas, junto con los elementos originales del Product Backlog, forman el Sprint Backlog.

El Sprint Backlog es creado por—y para—un Equipo de Desarrollo, como una herramienta para hacer clara la división del trabajo y para monitorear el progreso durante el sprint. Para ser más transparente, el equipo generalmente comparte el Sprint Backlog con todos. La mejor manera de hacerlo es colgar el Sprint Backlog en la pared de la sala del equipo o escribirlo en una pizarra para crear una "pizarra Scrum" (es una pizarra con los elementos del Sprint Backlog que se toman en un sprint específico y los ítems extraídos de cada elemento). Utilice marcadores, papel y notas adhesivas para crear un Sprint Backlog: es así de fácil. Puedes usar colores para varios tipos de elementos, por ejemplo: verde para los elementos del Product Backlog, rojo para los bugs, etc. También puede darles a las tareas en curso una etiqueta con el nombre de las personas que están trabajando en ellas. Haga su propia pizarra, pero no olvide agregar primero los elementos fundamentales de Scrum.

Depende del equipo determinar el nivel de detalle que necesita para completar las tareas. Cuando el equipo haya discutido los elementos del Product Backlog y el Sprint Backlog esté listo, el trabajo puede comenzar. Sin embargo, siempre asegúrese de que el equipo de desarrollo se haya comprometido sustancialmente con el Propietario del Producto.

### Gráfico Burndown, Lista de impedimentos, y la Definición de Hecho

Otros dos artefactos importantes de Scrum son el gráfico burndown y la lista de impedimentos, que registran el trabajo que queda cada día. La gráfica burndown proporciona una visión de cuántas horas quedan para entregar el producto incremental del sprint. Si está actualizando el registro de sprint, no hay mucha dificultad en actualizar el gráfico burndown para el equipo de desarrollo también. El gráfico burndown es simplemente para obtener una vista rápida de cómo se está desempeñando el equipo y para ver si está en la pista en cuanto al tiempo. El gráfico de burndown puede ser mostrado en una pizarra o digitalmente con una pantalla plana. La esencia es que, al igual que el Sprint Backlog, esté disponible y sea visible. Ningún miembro del equipo debe ser capaz de pasarlo por alto.

El siguiente artefacto de Scrum es necesario que sea visible la lista de impedimentos. Para esta lista, anotamos todo lo que podría bloquear o afectar la ruta y retrasar la consecución del objetivo. El equipo de Scrum debería actualizar esto. Si usted es el Scrum Master que monitorea el progreso del equipo, este artefacto es crucial. Puede agregarle algo, pero el equipo de desarrollo debe hacer esto primero y principalmente. Si algo no puede ser arreglado en este momento, esto puede pasar al Scrum Master, quien encontrará otros profesionales para que lo revisen. Sin embargo, esto no significa que el Scrum Master sea el propietario.

En cada sprint, es esencial tener una "definición de hecho" para el equipo. En los capítulos anteriores, hemos hablado de la definición de hecho. No es exactamente una lista, pero está relacionada con las listas. Esto responde a la pregunta: ¿Qué queremos decir cuando consideramos que el trabajo está "terminado"? Hay que llegar a un acuerdo previo para decidir lo que debe estar terminado. Esto puede variar mucho de un proyecto a otro, pero la norma es que "listo" en Scrum significa que se puede llevar a producción. La definición de hecho es elaborada por el propietario del producto y el equipo de desarrollo. Por ejemplo, digamos que una empresa de software ficticia llamada xSoft Solutions quiere hacer una "definición de hecho". El equipo de Scrum deberá considerar estos componentes:

- Todo el código está escrito y cumple con los estándares acordados.

- El trabajo ha sido probado funcionalmente. ¿Funciona todo como debería funcionar para los usuarios finales?

- Hay documentación disponible cuando se necesita para explicar ciertas partes o características.

- Etcétera.

La definición de hecho puede ser anotada en un papel y colocada al lado del Sprint Backlog o la pizarra Scrum.

# Capítulo 6: Ceremonias de Scrum, Reuniones y Agendas

Dentro de Scrum, hay varios eventos o ceremonias. La mayoría de la gente no encuentra dificultades para obtener conocimientos sobre el Scrum, pero lo hacen cuando implementan los conocimientos que obtuvieron. Este capítulo desmitifica el proceso de ejecución de Scrum, observando la reunión de planificación del sprint, el trabajo en equipo, la celebración de la reunión de pie, el control de calidad, y cómo preparar el producto que se va a entregar.

En primer lugar, como ya se ha dicho, empezamos con la planificación del sprint. La selección de los elementos en los que se va a trabajar debe hacerse con el conocimiento del rendimiento y la capacidad pasados. Si el equipo A, por ejemplo, ha sido constante en la entrega de cuatro elementos del backlog en cada sprint, esto se puede tener en cuenta. Lo mismo ocurre con la capacidad. Si, por ejemplo, un miembro del equipo se enferma, este vacío debe ser tenido en cuenta. Dejar claro *cómo* se entregarán los artículos en el Sprint Backlog: todas las tareas que hay que hacer, como la documentación, las pruebas, el diseño—lo que sea para terminar el incremento del producto.

# La Reunión de Planificación del Sprint: Ejecución

El equipo completo de Scrum estará presente en la reunión de planificación del sprint: El Propietario del Producto, el Equipo de Desarrollo y el Scrum Master. Además de tener en cuenta la velocidad del equipo al ejecutar los elementos pendientes, la capacidad del equipo no debe ser pasada por alto. ¿Estarán todos los miembros del equipo presentes durante el sprint? ¿Un miembro del equipo se va de vacaciones? ¿Todo el equipo visitará un seminario? Etcétera. Un ítem del backlog en la parte superior puede ser cambiado por otro menos pesado que se ajuste bien a la capacidad disponible. Sin importar la capacidad, es vital tener un ritmo razonable para hacer frente a los ítems del backlog. El equipo solo debe traer los ítems que crean que tienen más probabilidades de completar en su totalidad.

Además, debe determinar la longitud de su sprint. La longitud varía según el proyecto y la disponibilidad de los miembros del equipo. No debería ser menos de una semana y no más de cuatro semanas. Una vez que usted ha determinado la longitud, apéguese a ella. Si el sprint se terminó antes, lleve más ítems. Con la longitud en su lugar, identifique y anote un objetivo para el sprint. Este objetivo tiene el carácter de una mini visión de producto. Dará una idea general del incremento del producto en el cual el equipo de desarrollo está trabajando.

Para ilustrar más esto, tomemos la empresa de e-commerce ficticia: Pineapples Inc., que está trabajando en un nuevo sitio web. Cuando el equipo de Pineapples Inc. celebró la reunión de planificación del sprint, decidieron asumir los siguientes ítems del Product Backlog:

o Añadir "buscar en el catálogo" para que los clientes encuentren productos para añadir a sus carros de compra en línea.

o Proporcionar valiosas sugerencias de productos a los clientes habituales.

o Actualizar y ampliar la plataforma de pago.

Si el equipo encuentra que la velocidad y la capacidad no se ajustan a los ítems seleccionados, se podría cambiar un artículo para que coincida con estos. Afortunadamente, en nuestro ejemplo, el equipo de Pineapples Inc. ha hecho un gran trabajo escogiendo los ítems para que no tengan que ser cambiados. Por lo tanto, en base a estas tareas, el objetivo del sprint debe ser formulado. Ahora, esto puede sonar como una tarea, ya que los elementos mencionados anteriormente parecen diversos. Sin embargo, el propietario del producto no les dio prioridad sin razón. Lo más probable es que valore la contribución agregada de estos tres ítems y tenga una imagen del producto en mente cuando reciba un incremento que combine estos artículos del backlog. El objetivo del sprint podría ser: "Desarrollar una solución transaccional de autoservicio que permita a los compradores de Pineapples Inc. comprar productos y recibir sugerencias de productos".

Al crear el Sprint Backlog, el propietario del producto y el equipo de desarrollo se reunirán en la misma habitación. El Propietario del Producto presentará los elementos del backlog que asumirán, responderá a cualquier problema, y luego el equipo discutirá el diseño. Por ejemplo, tomemos el primer ítem del Product Backlog mencionado anteriormente. Todo se trata de "buscar en el catálogo". Este ítem del backlog puede ser dividido en tareas más pequeñas, como la creación de la página real donde los clientes pueden buscar, escribir el código y las consultas, y probar la función de búsqueda. Después de que las tareas se definan, coloque la cantidad de tiempo que se espera que tome cada tarea. Por ejemplo, crear la página llevará siete horas, escribir el código y las consultas llevará otras diez horas, y probar todo lleva once horas. Todos los elementos necesarios para completar el ítem del backlog deben ser reducidos a tareas como estas que pueden ser tomadas día tras día. Por supuesto, las horas empleadas pueden variar y pueden cambiar a medida que el tiempo avanza. Pero no se preocupe. Con el tiempo, el equipo se vuelve más inteligente y más preciso en la asignación de tiempos a ítems específicos.

Los equipos de Scrum exitosos tienden a utilizar un método primario al crear estas tareas más pequeñas, o ítems de Sprint Backlog. Con un amplio enfoque, se esfuerzan por abordar estos elementos, aunque parezcan desafiantes. Todo lo que hace el equipo Scrum—cada decisión que toma y cada acción que realiza— se hace con un acrónimo en mente, concretamente: SMART. La intensa concentración en el cumplimiento de los elementos de este acrónimo es lo que permite a los excelentes equipos de Scrum lograr lo que otros equipos solo ven en sus sueños. Según un estudio de Willis Towers Watson, la mitad de los gerentes no establecen objetivos prácticos para los empleados, y mucho menos objetivos para los elementos de Sprint Backlog. Entonces, ¿qué significa SMART y cómo puede ayudar al equipo Scrum?

SMART es una forma de comprobar si los objetivos son **E**specíficos, **M**edibles, **A**ceptables, **R**ealistas, y tienen un **T**iempo límite. Los objetivos suelen estar formulados de manera vaga. Parecen más deseos que objetivos concretos. Para terminar un sprint en el tiempo estipulado, les aconsejo encarecidamente que usen SMART.

**Específico.** Ser específico significa que está claro para todos cuál es el objetivo y qué resultado se quiere conseguir. Para hacer un objetivo específico, hágase estas preguntas:

- ¿Qué queremos lograr?
- ¿Por qué queremos lograrlo?
- ¿Cuándo sucede?

- ¿Quién está involucrado?
- ¿Dónde sucederá?

En resumen, describa el objetivo de forma clara y concreta, con una acción, comportamiento o resultado perceptible al que se adjunta un número, una cantidad, un porcentaje u otros datos cuantitativos.

**Medible.** Esto se relaciona con la calidad de los esfuerzos a realizar. ¿Cuánto vamos a hacer? ¿Cómo podemos medirlo? ¿Cuál es el resultado cuando terminamos? Usted debe ser capaz de ver, oír, saborear, oler o sentir un objetivo SMART. Debe ser un sistema, un método y un procedimiento para determinar el grado de consecución del objetivo en un momento dado. Si es posible, realice una evaluación base para determinar el punto de partida.

**Aceptable.** Si se fija un objetivo SMART para usted, basta con que lo acepte usted mismo. Sin embargo, cuando se establece un objetivo para un grupo de personas, debe haber apoyo y los miembros del equipo deben estar de acuerdo con él. De lo contrario, no asumirán la responsabilidad necesaria para lograr el objetivo. Cuando los objetivos individuales y los objetivos de la organización no están alineados, la meta no se cumplirá, o el cambio no durará. Existen varios métodos para asegurar que las metas estén bien alineadas. Lo principal es asegurarse de que haya un compromiso entre usted y los miembros de su equipo. Tiene que involucrar activamente a los miembros de su equipo en la elección y formulación de los objetivos. Cada miembro del equipo debe tener la oportunidad de dar su palabra.

Además, algunos expertos tienden a explicar "A" como: "Orientado a la acción" o "Alcanzable". Estos términos indican los elementos necesarios para una meta exitosa, es decir, nos muestran que una meta debe provocar la acción y ser algo que el equipo pueda lograr. Tengan en cuenta que un objetivo formulado de la manera SMART prescribe un resultado particular, no un esfuerzo.

**Realista.** ¿Es el objetivo alcanzable? ¿Existe un plan factible que requiera un esfuerzo aceptable? ¿Pueden las partes involucradas influir en los resultados solicitados? ¿Cuentan con suficientes conocimientos técnicos, capacidad, recursos y aptitudes? Es esencial examinar más de cerca estos aspectos porque un objetivo inalcanzable no motiva a las personas. A veces la "R" también se explica como "Relevante". Un objetivo factible y significativo es motivador. Un objetivo realista tiene en cuenta la práctica. No hay ninguna organización en la que la gente trabaje sobre un objetivo durante el cien por cien del tiempo. Siempre hay otras actividades, eventos inesperados y distracciones.

Un objetivo también puede ser poco realista si se impone sobre la organización a un nivel demasiado bajo. Por ejemplo, el objetivo: "Aumentar los beneficios en un nueve por ciento dentro de un año", no es un buen objetivo para el departamento de marketing, porque el beneficio es un resultado integral de toda la empresa. Un objetivo que es demasiado fácil de alcanzar tampoco es emocionante, porque no desafía al equipo Scrum. Lo mejor es establecer objetivos que estén justo por encima del nivel del equipo para que sigan mejorando. Si la gente siente que tiene que hacer un esfuerzo extra para alcanzar un objetivo, se sentirá mucho mejor cuando lo logre. Esto fomenta la energía para conseguir más objetivos en diferentes sprints.

**Tiempo límite.** En general, SMART se utiliza para objetivos a corto plazo. Por lo tanto, es perfecto para darle más sentido al Sprint Backlog, porque estos se llevan a cabo diariamente. Hay que tener en cuenta que es esencial saber que un objetivo SMART tiene una fecha de inicio y fin definida. Las siguientes preguntas pueden ayudarle más:

- ¿Cuándo estará listo?
- ¿Cuándo comenzarán las actividades?
- ¿Cuándo se ha alcanzado el objetivo?

Para ilustrar mejor un objetivo SMART bien definido y no tan bien definido, compruebe esto:

    o Bien definido: "Al final del primer sprint, el lunes 2 de diciembre, el equipo quiere una página de búsqueda terminada con las características X, Y, y Z, donde los clientes pueden buscar en el catálogo para encontrar productos para añadir al carrito de compras en línea".

    o No tan bien definido: "Como equipo, queremos una bonita página de búsqueda para los clientes". Este objetivo no es lo suficientemente específico, no es medible, no es aceptable, no es realista (porque no se sabe qué hacer), y no tiene un tiempo límite.

Cuando se establecen los objetivos, asegúrese de que todos se comprometan verbalmente con los objetivos o con los ítems del Sprint Backlog.

Ya hemos mencionado los sprints, pero vamos a acercarnos para saber de qué se trata el evento Sprint. En la mayoría de los casos, el sprint está limitado a un par de semanas, de dos a cuatro semanas y nada más. No renuncie a esto a menos que haya una gran razón para hacerlo.

Como saben, establecer metas es crucial para cualquier éxito. Lo mismo ocurre con un sprint exitoso. Por lo tanto, asegúrese de que cada sprint que corra tenga un objetivo de sprint comprensible, y visible para todos los miembros del equipo de desarrollo y para cualquier persona interesada. Después de cada sprint, deberá tener un incremento liberable del producto. Por ejemplo, una pantalla de acceso y la posibilidad de que los usuarios se conecten a la plataforma de una empresa de e-learning. Aunque la pantalla de inicio de sesión pueda realizarse, no significa que se entregue este producto incremental al mercado. Pero debe tener el potencial de ir a producción con el menor esfuerzo posible. Finalmente, el alcance es fijado por el Equipo Scrum y no por el departamento de ventas o de marketing.

## Reunión de Pie: Ejecución

Otro evento es la reunión diaria de Scrum o reunión de pie. Este evento tiene una duración máxima de quince minutos. Con un equipo de Scrum de alrededor de cinco a nueve miembros y un conciso Sprint Backlog, esto es suficiente. Tenga cuidado de no exceder este tiempo estipulado. La reunión de pie no es el momento para detalles intrincados en términos de diseño o desarrollo. Puede tener otras reuniones para hacer eso. Específicamente, con este evento, se llega a conocer el trabajo que cada miembro del equipo hizo ayer, lo que harán hoy, y si han encontrado algún obstáculo en el camino. Durante la reunión de pie, cada miembro del equipo Scrum responde a las siguientes preguntas:

- ¿Qué logro desde la última reunión de pie?
- ¿Qué logrará hoy?
- ¿Espera obstáculos, puede el equipo ayudarle de alguna manera?

Algunas personas pueden "responder" a las preguntas sin contestarlas, por lo que es importante ser claro y dar un contexto. Por experiencia, he escuchado a varios profesionales responder a estas preguntas, pero muchos otros miembros del equipo aún no se percatan de lo que están haciendo.

Hay muchas maneras de llevar a cabo reuniones de pie; algunas pueden ser más constructivas que otras. Realizar la reunión diaria de scrum o de pie es algo que se hace todos los días de trabajo. La reunión de pie es principalmente para el Equipo de Desarrollo. El Scrum Master debe estar allí tanto como pueda para asegurarse de que todo va bien. Si hay otras partes interesadas presentes, ellos pueden asistir, pero deben mantener cualquier pregunta hasta después de la reunión. Asegúrese de hacer espacio para la reunión de pie; reserve el mismo lugar y hora para esta reunión.

Para aclarar las cosas, rellene su tabla de scrum física o digital. Esta tabla Scrum le da al equipo una representación visual del trabajo. Los miembros del equipo seguirán respondiendo las preguntas, pero ahora se hará más visible. De esta manera, aunque usted, como miembro del equipo, no esté trabajando en una tarea, puede ver las tareas que aún no están hechas y si algo está bloqueando la realización de una tarea.

Un ejemplo de pizarra Scrum es el siguiente: una pizarra blanca dividida en cinco secciones con notas adhesivas adjuntas a cada sección. La primera sección se llama "Artículos PB". Se trata de los artículos del Product que se eligen en este sprint específico. De nuevo, esto puede ser cualquier cosa, desde historias de usuarios, hasta bugs. Por lo general, las historias de usuarios o los bugs se agrupan para encargarse de ellos en un sprint. Sin embargo, a veces esto no es posible debido a un bug urgente que debe ser arreglado lo antes posible. Por lo tanto, acabará con unas cuantas historias de usuario y un bug a arreglar en la primera sección de "Artículos PB".

Después, apunte cada tarea en una Nota Adhesiva y colóquela en la pizarra de Scrum. La segunda sección, "por hacer" indica las tareas que aún no se han completado. Aquí es donde comienzan todas las tareas. Cuando alguien del Equipo de Desarrollo asume una tarea, pasa la nota a la tercera sección, "haciendo". Esta sección contiene todas las notas de las tareas en las que la gente todavía está trabajando. Después, a la cuarta sección, "hecho", se colocan todas las tareas que están terminadas. Por ejemplo, si todas las tareas relacionadas con una historia de usuario específica han sido terminadas, entonces también ponemos esa historia de usuario en esta sección. Durante el sprint, pueden surgir algunos impedimentos. Por lo tanto, la quinta sección está designada para tratar los obstáculos que el equipo pueda encontrar. De esta manera, el Scrum Master puede ver rápidamente los obstáculos que impiden que el equipo avance y encontrar una solución, para que el equipo pueda continuar con las tareas de ese ítem del backlog en particular.

Es una pena que, en la práctica, veamos que muchos impedimentos no son abordados. El Scrum Master debe traerlos y deshacerse de ellos. Esto es especialmente cierto si los mismos obstáculos aparecen durante varios días. Aunque sea el Scrum Master quien resuelva los obstáculos, el equipo debe aclararlos, porque están trabajando en las tareas en las que aparecen los obstáculos. Para dar al equipo una mejor perspectiva de las tareas y el tiempo que toman, se hace un gráfico burndown. El gráfico burndown proporciona la información visual necesaria para gestionar el proyecto o el Sprint del Scrum diariamente. El gráfico muestra la cantidad de trabajo restante que queda para el proyecto total o el sprint actual. Este progreso se aclara con la ayuda de dos líneas:

- Línea 1: Trabajo restante.
- Línea 2: Situación ideal.

La suma de todos los puntos del Product Backlog es la cantidad total de "trabajo". En otras palabras: la totalidad del "tamaño" estimado de su proyecto. El progreso del proyecto se hace evidente comparando continuamente el número de puntos de historia entregados con el tiempo transcurrido, marcando esto en el gráfico burndown. La mayoría de las veces, esto se hace para cubrir el número de semanas que tiene un sprint.

# Revisión de Sprint y Retrospectiva de Sprint

Finalmente, echaremos un vistazo a la revisión del sprint y a la retrospectiva del sprint. La revisión del sprint es cuando el equipo de Scrum muestra el trabajo hecho en el sprint a las partes interesadas, para recoger sus comentarios. Esta reunión también se conoce como "la demostración", pero la revisión del sprint no es solo eso. Principalmente, se trata del feedback y de lo que se hace con él. La revisión de sprint toma un máximo de dos horas para sprints de dos semanas. La revisión de sprint es una reunión en la que se cultiva la comprensión mutua, porque nunca se puede describir exactamente lo que se necesita en un producto con mucha antelación. Además, la mayoría de los deseos cambian durante el desarrollo del producto, y tradicionalmente se requieren más características de las que se pensaron inicialmente. Por lo tanto, es importante obtener la mayor cantidad de información posible para cada sprint.

Es costoso hacer algo y solo escuchar sobre los cambios necesarios al final del proceso. En Scrum, se hace de manera diferente, porque todos sabemos que el cliente cambia de opinión constantemente. Scrum da mucha libertad, pero esto solo funciona con mucha disciplina, trabajo duro y comunicación.

En esta reunión, el equipo hace una demostración del trabajo realizado. A menudo se trata de una demostración de la aplicación, pero también pueden ser otras cosas. Si no se hace el incremento del producto, hacer una demostración no es algo muy inteligente, pero es importante mencionar por qué no se han completado algunas cosas. Por ejemplo, si la aplicación no tiene todavía una interfaz de usuario, el equipo puede mostrar también los resultados de las pruebas y la documentación. Un equipo de Scrum de estrellas puede hacer una demostración en cualquier momento del sprint. Siempre trate de meterse bajo la piel del interesado y trate de hacer la demostración lo más interactiva posible. No muestre resultados que no se ajusten a la definición del equipo de hecho. Usted quiere atraer a las partes interesadas para impulsar al propietario del producto a hacer una demostración al final del sprint. Si todo es correcto, puede recibir preguntas como: "¿Por qué no ponemos esto en producción?". Sería doloroso admitir que el producto no está listo porque la definición de hecho contiene un error, como algo que no se puede lograr en este sprint determinado.

La retrospectiva del sprint trata de que el equipo de Scrum inspeccione, se adapte y mire hacia atrás al sprint. Aquí hablamos de los aspectos positivos y negativos. ¿Qué ítems o tareas salieron bien? ¿Qué ítems o tareas no salieron bien? ¿Qué podemos hacer mejor en los próximos sprints? Este es el evento en el que el equipo de Scrum debe aprender múltiples lecciones. Las cuales pueden ser anotadas en un plan para mejorar después de cada sprint. Esta mejora continua es lo que diferencia a Scrum de otras metodologías. Un buen sprint retrospectivo se levanta o se cae con su atmósfera. Idealmente, debería tener una atmósfera en la que los miembros del equipo se sientan cómodos y que estén seguros para dar y recibir críticas constructivas y discutir los errores. Si el equipo no puede hacer eso, se convierte en un desafío para encontrar mejoras, y las observaciones siguen siendo superficiales. Por eso es especialmente visible en una retrospectiva de un sprint si un Scrum Master es también el gerente—o se comporta en consecuencia. Un equipo que se siente juzgado por el Scrum Master, ya sea literalmente o no, es menos probable que se exprese.

Se pueden nombrar muchos elementos para crear un ambiente ganador, como hacer evidente que la reunión es para la mejora de todo el equipo de desarrollo. Es una excelente oportunidad para quedarse quieto y mirar hacia atrás en el sprint, para llegar a algunas mejoras que valen la pena. Normalmente, el Scrum Master facilita esta reunión. Es precisamente la forma en que el Scrum se desafía a sí mismo para ser mejor continuamente, y es por eso que esta es a menudo una de las reuniones más importantes para el Scrum Master. No solo para su facilitación, sino también para desafiar al equipo a seguir mejorando no solo como profesionales, sino también como personas. Además, el Propietario del Producto podría unirse a esta reunión también. Si el equipo de desarrollo no cree que esto sea lo correcto, la retrospectiva puede dividirse en dos partes: una con el Propietario del Producto y otra sin él.

Después de la reunión, el plan de lanzamiento puede ser revisado y actualizado en base a los datos empíricos, como la retroalimentación obtenida de las partes interesadas. Cuando la retrospectiva del sprint termina, se repite todo el proceso comenzando desde el principio, es decir, con el Product Backlog y las sesiones de planificación del sprint. ¡En el próximo capítulo, profundizaremos en cómo se unen todas estas cosas!

# Capítulo 7: Detallando un Proyecto Scrum

En los capítulos anteriores, aprendimos más sobre Scrum y sus roles, artefactos, ceremonias y conceptos más críticos. ¿Pero cómo se implementan todos estos aspectos en su organización? ¿Cómo es Scrum en la práctica? Estas y muchas más preguntas se abordarán en este capítulo. Le daré ideas sobre cómo puede reunir al equipo de Scrum, crear su Product Backlog, historias de usuarios, priorizar ítems, estimaciones, plan de lanzamiento y cómo todo esto está apoyado por el "Sprint Zero" y una visión de producto.

## Sprint Zero y Visión del Producto

Cuando el equipo quiere comenzar el viaje de su proyecto, normalmente, hay mucho que "arreglar" antes de que el equipo esté listo para empezar. Solo piense en elaborar su visión del producto, estableciendo el backlog inicial del producto, y llenando y priorizando el backlog con tareas para al menos dos sprints. Tomamos dos sprints porque esto mantiene el Product Backlog lo suficientemente conciso, pero también deja espacio para tomar tareas adicionales cuando hay espacio para ello. Aunque quizás usted desee comenzar de inmediato, debe ocuparse de estas cosas primero. Un modo de "empezar" el proyecto de inmediato y aun así preparar lo que se necesita, le presentamos el Sprint Zero. Este es el sprint en el que preparamos todo, ordenamos las cosas y preparamos al equipo para volar. Por lo tanto, el Sprint Zero también es genial para elaborar su plan de lanzamiento inicial. Y no se preocupe por no tener suficiente evidencia empírica para empezar a elaborar este plan o el backlog. Solo asegúrese de que todo esté en su lugar y entienda que todos los artefactos son dinámicos. Además, este es el sprint para crear un ambiente para el éxito. Además de hacer que los miembros de su equipo se centren en el objetivo del sprint, tener un entorno que favorezca la integración continua será útil.

Por ejemplo, si una empresa de software iniciara el Sprint Zero, crearía o establecería un lugar donde se aclaren las reglas de codificación; donde los programadores deban escribir el código; donde se pruebe el código y donde pueda ser desplegado. El hecho de contar con un entorno de este tipo permite procesos rápidos y sin problemas durante todo el sprint. Con cada sprint, nuestro objetivo es desplegar algo útil lo antes posible. No me malinterpreten; este "algo" no tiene que ser inusual o perfecto, listo para que un cliente lo examine. No, en lo absoluto. Pero debería ser algo con lo que se pueda avanzar y que complemente otros incrementos de producto más adelante. Realizar un "Sprint Zero" no es imprescindible para su proyecto Scrum, pero puede ayudarle a preparar las cosas antes de que usted y su equipo se pongan manos a la obra para crear el producto. Asegúrese de establecer un plazo claro, que para un sprint suele ser de dos a cuatro semanas. Después de este tiempo, siga adelante. No se quede atascado en esta fase.

La realización de la visión del producto le dará una perspectiva del producto, especialmente de lo que es y qué valor aporta a quién. Por lo general, usted está construyendo un producto para un público objetivo. Y frecuentemente, usted no es parte de este público objetivo. Por lo tanto, no se limite a "pensar" en lo que le puede gustar al cliente, pregúnteles a ellos en su lugar. El equipo tiene que tener claro para quién es el producto, quién es el público objetivo, y qué entregar en base a los datos recolectados del público objetivo. Para ilustrar esto con más detalle, digamos que está dirigiendo un proyecto para una empresa de seguridad doméstica. La empresa quiere desarrollar un nuevo sistema de seguridad fácil de utilizar por adultos mayores.

Antes de realizar todo el proyecto, algunos miembros del departamento de seguridad deberían haber hablado con el público objetivo y haber recibido opiniones, comentarios y observaciones solicitadas. Estos pueden ser discutidos con el equipo Scrum antes de crear la visión del producto. Recuerde, este no es el momento de entrar en varios detalles. La visión del producto también es dinámica, pero todos los miembros del equipo deben conocer al menos el público objetivo y el propósito de hacer el proyecto. A continuación, enumeraré algunas cualidades para crear una visión de producto increíble:

**Hágalo amplio e inspirador.** Es imposible ser específico en las fases iniciales de cualquier Proyecto. Esto es lo que hace que el método en cascada sea tan desordenado. La gente trata de predecir cómo puede desarrollarse todo en el Proyecto. Esto es simplemente imposible. Siempre hay múltiples variables que cambian. Así que, haga que la visión del producto sea amplia pero inspiradora, para que la gente tenga una idea general de lo que están tratando de lograr y por qué. Si hace el "por qué" muy claro y robusto, usted ganará.

**Despejado y estable.** Aunque emplear varias palabras de moda parece ser una tendencia hoy en día, no se engañe pensando que este debería ser el caso para la visión del producto. Evite el lenguaje complicado, innecesariamente largo y tedioso. En su lugar, sea diferente, y hágalo claro y fácil de consumir para todos los miembros del equipo, ya sea que tengan experiencia o estén empezando en su puesto. Además, la visión específica no debe cambiarse con demasiada frecuencia, en caso de que lo haga. Es mejor mantenerla estable para evitar confusión entre los miembros del equipo.

**Corto y sencillo.** En el método en cascada, observamos que los profesionales con altos salario hacen documentos de incontables páginas. ¿Y cuál cree que es el problema con todo esto? Bueno, déjeme decirle; el mayor problema es que nadie lee todos estos documentos. Son demasiado largos, complicados y están escondidos. Normalmente, después de crear estos documentos, terminan en algún lugar de un cajón acumulando polvo. Por lo tanto, mantenga la visión del producto tan corta como sea posible. ¿Por qué no lo hace en una sola página que pueda imprimir para que otros la vean?

Para mantener estas cualidades frescas y la visión del producto en mente, puede discutirlo durante las revisiones del sprint. Además, me gustaría compartir un ejemplo de cómo puede surgir una visión de producto inspiradora. Hubo un CEO de una compañía de software y hardware médico que ayudó a crear la visión del producto en proyectos. Antes de elaborar cualquier plan, comenzaba con un poderoso discurso sobre su hijo, que estuvo muy enfermo al nacer. Debido a la enfermedad de su hijo, el CEO estaba con frecuencia presente en el hospital, donde se sorprendió al encontrar que muchos procesos eran muy ineficientes, ineficaces y lentos. Esto lo impulsó a construir su compañía para hacer que los procesos en los hospitales fueran más rápidos, más efectivos y eficientes para ayudar a más personas en menos tiempo. Esto hace que sea un mensaje muy inspirador con el que casi cualquier ser humano razonable puede relacionarse. Además, la visión del producto fue colocada en una sola página y pegada en una pared cerca del equipo Scrum. Así, siempre quedó claro a quiénes servían el equipo y cómo los servían.

## El Product Backlog Inicial

Como se ha explicado anteriormente, el Product Backlog contiene todos los requisitos del producto. Básicamente, incluye todos los elementos de los que usted y su equipo deben ocuparse para entregar el producto y crear valor para el cliente y la organización. Su naturaleza dinámica se presta a los siempre cambiantes mercados, tecnología y deseos del cliente. Los ítems más valiosos están siempre en la parte superior. Estos deben ser tratados antes que cualquier otra cosa. El Propietario del Producto ha colocado estos ítems en la parte superior por una razón, así que póngase a trabajar en ellos primero y enfréntelos lo más rápida y eficientemente posible. El Product Backlog está priorizado por valor, y es más detallado en la parte superior y menos en la inferior. Eventualmente, obtendrá más detalles cuando los ítems se muevan a la parte superior. Aunque el Propietario del Producto gestiona y prioriza todos los elementos del backlog, es el Equipo de Desarrollo el que estima las tareas, porque son ellos los que hacen el trabajo.

Por lo general, su Product Backlog contiene requisitos de usuario, nuevas características o mejoras y sus descripciones, y requisitos técnicos cuando las cosas en la infraestructura necesitan cambiar. Estos tipos de requisitos técnicos no están directamente relacionados con el cliente. Asegúrese de limitarlos lo más posible. Esto no significa que usted deba pasarlos por alto, en absoluto. Téngalos en cuenta, pero nunca piense que son la razón principal por la que se necesita hacer el trabajo. Manténgase siempre centrado en la visión del producto. De lo contrario, el equipo terminara olvidando el objetivo final debido al trabajo diario que están realizando. Siempre busque tiempo para reflexionar y mirar brevemente el panorama general. Lo mismo ocurre con los errores en el sistema actual que bloquean el desarrollo del producto incremental. Es necesario limitar los errores para mantenerse centrado en lo que el usuario o cliente ve como valor. Ya he dicho esto muchas veces, pero es fundamental reiterar: asegúrese de que el Product Backlog es la única fuente de todo lo que hay que hacer por el producto. Incluye todo, desde los requisitos técnicos y de usuario, hasta los diversos errores que deben ser corregidos. Por lo tanto, no hay espacio para documentos adicionales o lugares para anotar los problemas. Esto hace que todo el proceso sea significativamente más transparente. La transparencia es importante para cualquier proyecto que valga la pena.

Después de completar el Product Backlog, el siguiente paso es priorizar y estimar todos los ítems del backlog. El elemento clave en la priorización de cualquier cosa es asegurarse de que el ítem con el mayor valor está en la parte superior. En este contexto, con el valor, nos referimos al valor comercial, es decir, al aspecto monetario de las cosas: el aumento de las ganancias. Otro elemento crítico es agrupar las necesidades donde se considere oportuno. Por lo general, varios requisitos o historias de usuarios son demasiado grandes para abordarlos en un solo sprint. Por lo tanto, es mejor dividirlos. Con menos frecuencia, puede que encuentre necesidades similares o más pequeñas. Compruebe si se pueden agrupar y si se pueden abordar en un sprint. Por último, le aconsejo firmemente que asigne una métrica de valor comercial a cada historia. Siga estos pasos cuidadosamente:

Anote todas sus historias de usuario en notas adhesivas.

Coloque las notas adhesivas en una pared o pizarra. Péguelas sin pensar en ningún orden.

Ahora, tiene diez puntos de "valor" para usar en cada historia de usuario. ¿Qué historia de usuario obtendrá más puntos? Cuando usted pueda responder a esta pregunta, coloque esa historia de usuario en la parte superior, seguida de la siguiente historia de usuario con la puntuación más alta.

Si usted trabaja en una organización más grande o con una tonelada de historias de usuarios, diez puntos de "valor" pueden no ser suficientes. Por lo tanto, podrá obtener un rango más amplio, como 500 puntos o incluso 1000 puntos. El punto es que terminará con un Backlog claramente priorizado basado en el valor del negocio.

Abordar el artículo más valioso del backlog podría no ser algo que se necesite en las etapas iniciales del software. En las metodologías de proyecto tradicionales, no hay otra opción que desarrollar todos los elementos de la fase inicial antes de seguir adelante. Afortunadamente, con Scrum, se puede desarrollar primero el incremento del producto de mayor valor, ya sea algo perteneciente a la fase inicial de cualquier otra fase.

## Historias de Usuario

Las historias de usuarios son necesarias para reunir los requisitos de los usuarios. Esto ayuda a formar los requisitos. Una historia de usuario es corta y simple; un requisito moderado. No lo haga demasiado detallado. Asegúrese de que estén hechas desde la perspectiva del usuario. Por lo general, los desarrolladores no son los que interactúan con el producto, por lo que hay que asegurarse de que los resultados o requisitos para los usuarios se formulen correctamente. Las historias de usuarios facilitan la discusión del producto, así que concéntrese en esto. Existe un formato general para una historia de usuario, que consiste en: Como un <insertar rol> quiero una <característica> para que <beneficio>. Completémoslo: "Como comprador de ropa en línea quiero ser capaz de buscar en el catálogo del sitio web para poder encontrar ropa para comprar". En este ejemplo, usamos el papel de "comprador de ropa en línea", sin embargo, la mayoría de los sitios web son usados por varias personas. Así que, para este ejemplo, también podríamos tener un usuario que es un "comprador de ropa con descuento". Basándose en el rol, las variables pueden ser mejoradas e innovadas para que se ajusten a los deseos específicos del usuario. Para hacerlo correctamente, se debe crear un personaje para cada uno de los diferentes tipos de usuarios que interactúan con el sitio web. Un personaje es una representación ficticia de un usuario específico, como "Bob El Comprador Con Descuento". Después, puede llenar su personaje escribiendo sobre su edad, género, motivaciones, objetivos, personalidad y más características que parezcan necesarias.

Frecuentemente, las historias de usuarios se escriben en tarjetas. Se pueden poner las historias de usuarios en la pared o en la pizarra, pero para las organizaciones más grandes, también deberían estar disponibles digitalmente. En relación con esto están las "condiciones de satisfacción", que tienen las siguientes cualidades: son necesarias para la aceptación, representan pruebas y son específicas. Los detalles pueden tratarse más adelante, pero primero hay que establecer los detalles o fundamentos. No cambia la importancia del esfuerzo cuando algo puede ser abordado en un momento posterior, como el color de un botón.

Por ejemplo, para la historia de usuario mencionada anteriormente sobre el "comprador de ropa en línea" que busca en el sitio web, podemos nombrar varias condiciones de satisfacción. Piense en cosas como: coincidencia con el título de la tarea; categoría; descripción; y palabras clave. Otro requisito podría ser las técnicas de búsqueda avanzada como las citas. Además, algo como "Los resultados deben aparecer en menos de tres segundos", es un ejemplo de una condición que verá en la práctica.

Las condiciones pueden ser colocadas en el reverso de las historias de usuarios como pasos de cómo hacer una demo de la historia de usuario o incremento del producto. Por ejemplo: "Abrir la página de búsqueda, introducir varias palabras clave, iniciar la búsqueda", etc. Hay cualidades de las buenas historias de usuarios que se encuentran en el acrónimo INVEST:

- **Independiente.** Cuando las organizaciones comienzan con la implementación de Scrum, tienden a crear historias de usuarios que dependen de otras historias de usuarios. Tenga cuidado de no cometer este error y compruebe que la historia de usuario pueda cumplirse sin necesidad de otra historia de usuario.
- **Negociable.** Tratar con historias de usuarios nos ayuda a lidiar con las discusiones. Al discutir las tareas de las historias de usuarios, podemos negociar la forma de avanzar en la historia de usuario, si falta algo o si las tareas son redundantes.
- **Valioso.** Cada historia de usuario debe contener algo de valor para el cliente, la organización o para ambos. Si no es así, la historia de usuario está mal y necesita ser corregida. Si la historia de usuario no contiene un beneficio bien definido, es difícil priorizarla, en comparación con otras historias.
- **Estimación.** El equipo proporciona una estimación de la cantidad de trabajo y tiempo necesario por cada historia de usuario.
- **Pequeño.** Asegúrese de que se puedan completar varias historias en un solo sprint. Esto se hace manteniendo las historias de usuarios pequeñas.
- **Testeable.** Las condiciones de satisfacción no solo se documentan y luego se guardan. No, también se prueban. Cuando el equipo de Scrum ha hecho un excelente trabajo formulando las condiciones de satisfacción relacionadas con una historia de usuario, es fácil para los testers comprobar que las características resultantes funcionan exactamente como el usuario necesita.

A veces puede ser difícil manejar las ideas en una organización. Las ideas parecen surgir de todas las ramas y de todo tipo de profesionales. Por lo general, estas ideas pueden ser utilizadas para formular historias de usuarios, pero una idea por sí sola no es suficiente. Con frecuencia, las ideas pueden combinarse, añadirse o reducirse de manera que sean útiles para el proyecto. Lidiar con todas estas ideas puede ser un obstáculo, pero Scrum lo hace más simple. Scrum nos enseña la jerarquía para categorizarlas mejor. La jerarquía es:

- **Tema.** En la parte superior de la jerarquía encontraremos el tema. El tema es el asunto en el que nos centramos durante todo el lanzamiento de un producto y a veces incluso en varios lanzamientos. Un tema es grande y nunca podría ser puesto en múltiples sprints, y mucho menos en uno solo. Por lo tanto, necesita ser refinado y reducido en tamaño.

- **Épica.** Este es el nombre de las historias de usuarios que no encajan en un solo sprint. Las épicas de usuarios podrían lograrse en varios sprints, pero necesitan ser desglosadas para poder terminarlas en partes, un paso (o sprint) a la vez.

- **Historia de usuario.** Finalmente, llegamos a algo que se puede terminar en un solo sprint, la historia de usuario. Generalmente, en mi experiencia, siempre resolvimos múltiples historias de usuario en un sprint, al menos dos. Si esto parece imposible para su equipo, asegúrense de que haya una forma de dividir sus historias de usuario aún más. La mayoría de las veces, será posible hacerlo.

Por lo tanto, antes de que se llene el Product Backlog, asegúrese de que no haya manera de reducir el tamaño de la historia de usuario. ¡Recuerde que es mejor tener una historia de usuario más pequeña, fácilmente alcanzable en un sprint, que una historia de usuario que podría fácilmente tomar dos, tres o incluso cuatro sprints! Durante los sprints, recuerde siempre que el desarrollo se hace de forma iterativa y que se va lanzando el trabajo poco a poco. Sprint tras sprint, nuestro objetivo es desarrollar o resolver las partes de un gran rompecabezas. El proceso de desarrollo de las partes del rompecabezas es iterativo. Cuando una parte más sustancial del rompecabezas se completa, como la sección superior completa, lanzamos esto. Después de muchos sprints, lanzamos la sección media y la inferior. Este proceso es incremental y se realiza hasta que el rompecabezas se haya completado.

## Diseño del Plan de Lanzamiento

Ahora que el Product Backlog está priorizado y estimado y que el equipo Scrum está listo para empezar, estamos preparados para diseñar el plan de lanzamiento. Al diseñar el plan de lanzamiento, piense en el término "velocidad". La velocidad dentro de Scrum es una medida de la cantidad de trabajo que el equipo Scrum puede terminar en cada sprint. Dicho de otra manera, se trata de la respuesta a la pregunta: "¿Cuántos de estos ítems del backlog podemos hacer en un sprint?". Mire la imagen de abajo.

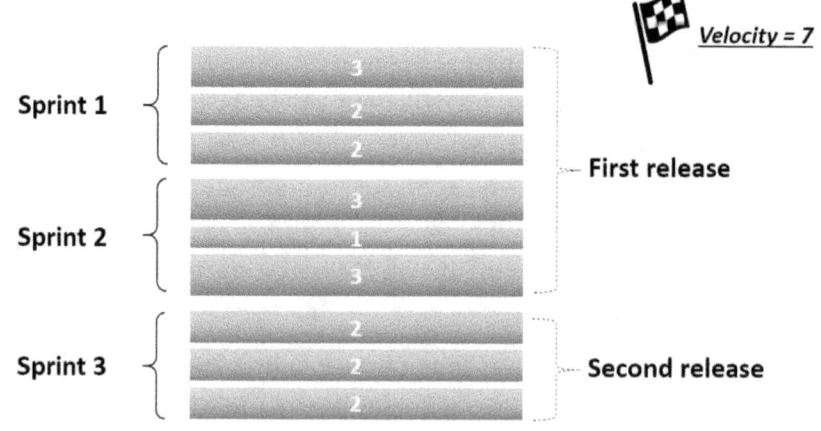

No se preocupe si la imagen parece abrumadora. No es tan complicado como puede parecer. Déjeme explicarle. En esta imagen, el equipo de Scrum está usando una velocidad de siete. Esto significa que no se pueden tomar más de siete puntos de historia por cada sprint. La velocidad de siete se basa en la experiencia previa con el equipo Scrum. Si su equipo es completamente nuevo en el Scrum, comience con una velocidad menor de cinco, para tener una idea de cómo funciona el método. En este ejemplo, la velocidad es de siete, y como podrá observar, en el sprint uno la cantidad total de objetos que tomamos es de siete (3+2+2 = 7). Lo mismo ocurre con el sprint dos (3 + 1 + 3 = 7). Sin embargo, en el sprint tres vemos algo diferente, el número es seis (2 + 2 + 2 = 6). ¿Por qué? Porque si tomamos el "uno" del sprint dos y lo cambiamos por el "dos" del sprint tres, terminaremos con "ocho", superando así la velocidad. Así que, planifique en base a las experiencias de proyectos anteriores. Después de que los sprints se dividan, el equipo puede averiguar cuándo se puede lanzar algo. En este ejemplo, se marcan dos lanzamientos: uno al final del sprint dos y otro al final del sprint tres. Así, el equipo y los interesados saben cuándo pueden esperar lanzar un incremento de producto. Frecuentemente, el equipo de Scrum tiene un plazo estricto antes de un lanzamiento. Este plazo puede establecerse después del primer sprint, por ejemplo. Al discutir el progreso actual, las partes interesadas pueden señalar si ciertos puntos de la historia deben estar en el próximo lanzamiento. Entonces el equipo puede adaptar y mover estos puntos de historia a la parte superior para ocuparse de ellos primero. Pero tenga cuidado, asegúrese de que no se exceda la velocidad.

Tal vez se pregunte cómo calcular la velocidad de su equipo cuando acaba de empezar con el Scrum. Bueno, aunque no es ideal calcular la velocidad sin datos empíricos, puede ser útil calcular la velocidad inicial si no hay datos empíricos disponibles. Aquí está la fórmula para calcular la velocidad:

- Tome el número de personas en su equipo de Scrum; digamos que tenemos **seis** profesionales (P).
- Después, cuente el número de sprints y semanas de cada sprint, digamos que tenemos tres sprints de 2 semanas cada uno (S).
- Ahora cuente los días que el equipo está disponible para trabajar en estos sprints, para este ejemplo, 39 (D).
- Tomemos un factor de ¼.
- Complete la fórmula $P^2 + S^2 + D^2 \div \frac{1}{4} = V^2$.

¡Espero que se haya dado cuenta de que esto es absolutamente absurdo y no es posible en lo absoluto! Aunque mucha gente piensa que la determinación de estas métricas se hace rápidamente completando una fórmula, están lejos de ser correctas. Para un equipo de Scrum principiante, hay una inmensa cantidad de variables que hay que tener en cuenta. Ninguna fórmula en la tierra puede arreglar eso para usted, excepto para intentar, fallar, corregir y hacerlo de nuevo. Así que, en lugar de rellenar esta tonta fórmula, discuta con su recién formado equipo de Scrum sobre el backlog. Dígale a cada miembro del equipo lo que piensa sobre las tareas pendientes y cuánto tiempo cree que tardarán. Luego deje que todos los miembros del equipo discutan las opciones y permítales identificar cuántas tareas pendientes pueden hacer, por ejemplo: las tres primeras tareas pendientes. Luego sume el número de puntos de historia de estos tres ítems, digamos que la cantidad es nueve. Luego tome esa cantidad como su velocidad inicial para el primer sprint. Hay una alta probabilidad de que siga siendo errónea. Pero bueno, ahora al menos tenemos algunos datos empíricos de los que podemos aprender y hacerlo mejor en el próximo sprint. ¿Verdad? Durante el trayecto del proyecto Scrum, se recopilarán más datos. Después de un par de sprints, podrá calcular rápidamente la velocidad para los mejores y los peores escenarios. Cuando una tarea es muy urgente y necesita hacerse, usted puede mirar la velocidad para el peor de los casos (el peor que el equipo haya hecho), para que el equipo esté seguro de que podrá hacerlo.

# Capítulo 8: Entendiendo las Métricas de Scrum

Las métricas de Scrum son instrumentos para medir el proceso de Scrum. ¿Pero qué se puede medir con precisión? Bueno, se puede medir mucho. Piense en cosas como el proceso de desarrollo, la calidad del trabajo, la productividad, la previsibilidad y los productos que se desarrollan. Las métricas de Scrum se centran en el valor que se entrega al cliente. Además de las métricas Scrum, también hay otras métricas ágiles que usted debe conocer, principalmente:

> • Métrica de Kanban: Se centra en el flujo de trabajo, organizando y priorizando el trabajo para completarlo. Una métrica ampliamente utilizada es el flujo acumulativo.

> • Métrica Lean: se centra en la métrica de valoración de toda la organización al cliente y en eliminar el "desperdicio". Las métricas más populares son el tiempo de entrega y el tiempo de ciclo.

Pero las métricas que abordamos en este capítulo son las métricas Scrum, que se centran en la previsibilidad de un producto de trabajo (o incremento de producto) para los clientes. Las métricas comúnmente utilizadas son la velocidad del equipo y el gráfico burndown. Deberíamos preocuparnos por estas métricas, porque al medir se obtienen valiosos datos sobre múltiples Sprints, versiones, cuándo se descubren errores y más.

Hay varios elementos que hacen que las métricas sean útiles. Sin estos elementos es difícil obtener beneficios de ellos. Considere los siguientes puntos:

- **Asegúrese de usar métricas que resulten en conversaciones significativas.** Por ejemplo, después de elaborar el gráfico burndown, los miembros del equipo pueden reunirse y discutir la trayectoria actual de vez en cuando. De esta manera, pueden determinar si se ha hecho un progreso significativo.

- **El beneficio de las métricas es que hace que todo el proceso sea más empírico.** Scrum depende en gran medido de los datos empíricos. Por lo tanto, si usted tiene métricas que respalden la recolección de estos datos, usted también respalda todo el proceso de Scrum. Piense en datos como la velocidad a la que se puede realizar una prueba en particular.

- **Compruebe si las métricas pueden ser combinadas.** A veces es útil combinar varias métricas para obtener una imagen más clara del progreso del Equipo de Desarrollo. Piense en métricas como la productividad (por ejemplo, el número de tareas completadas en un tiempo específico) y la velocidad.

- **Asegúrese de que todo el equipo se informe sobre las métricas.** El Equipo de Desarrollo tiene voz en la selección de las métricas. El Scrum Master y el Propietario del Producto también tienen voz y voto. Pueden ofrecer indicadores clave de rendimiento (KPI) o métricas, como la velocidad.

- **¡No complique las cosas!** Cuando escoja las métricas, debe hacer que se entiendan fácilmente. Además, calcularlas no debería implicar ninguna matemática avanzada.

## Gráficos Burndown y Burn-up

Ahora quizás se pregunte: "¿Cómo puedo hacer un gráfico burndown?". Para empezar a medir el progreso del equipo. Bueno, eso es bastante simple, siguiendo estos pasos:

1. Dibuje un eje y un eje x en un tablero, pizarra o usando cualquier software.

2. Trace los puntos de historia o "trabajo" en el eje y. Esta es la suma de las tareas estimadas en, por ejemplo, días.

3. Trace el tiempo en el eje X e incluya la duración total de su sprint o proyecto. Esta es la línea de tiempo de la iteración, normalmente en días.

4. Durante su proyecto, mida desde t = 0 a intervalos fijos cuánto "trabajo" se ha entregado. En un sprint de quince días, puede medirlo en intervalos de tres días, por ejemplo.

5. Lo que resta por hacer es algo de matemática básica, es decir, calcular el: Total - Entregado. Nada muy avanzado para la mayoría de la gente, eso espero.

6. Ahora es el momento de trazar el resultado de este cálculo en el gráfico. Los puntos marcados para "Tareas Reales Restantes" deben resultar en una línea descendente. La línea muestra por cada punto cuánto "trabajo" queda del total con el que usted comenzó.

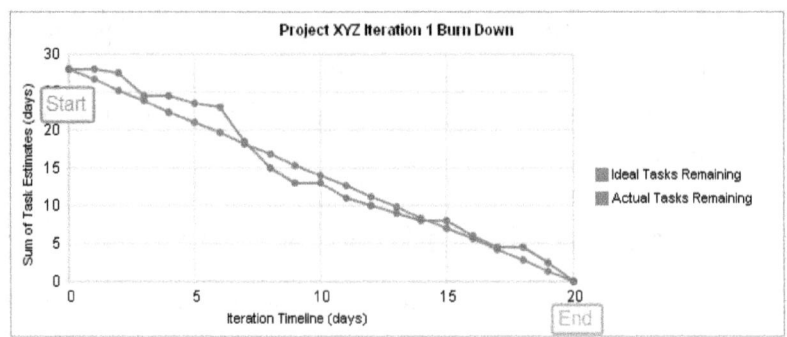

Este es un archivo de Wikimedia Commons. Commons es un repositorio de archivos multimedia con licencia libre. Todo el crédito pertenece a los autores/creadores. La licencia está disponible aquí

**https://en.m.wikipedia.org/wiki/File:Burn_down_chart.png**

La línea descendente de "Tareas Reales Restantes" sigue los puntos de medición que usted mismo trazó en el gráfico. La línea "ideal" en un burndown se extiende en diagonal desde la esquina superior izquierda hasta la esquina inferior derecha. La "línea ideal" indica con precisión el número promedio de puntos que deben ser "entregados" por día para alcanzar el proyecto o la meta de sprint en el tiempo establecido. Cuando lea el gráfico, utilice la "línea ideal" de la siguiente manera:

- La distancia entre la línea real (por debajo o por encima) y la línea ideal indica cuánto se adelanta o atrasa el proyecto en la planificación.
- Si la línea real está por encima de la línea ideal, el Proyecto está atrasado.
- Si la línea real está por debajo de la línea ideal, el Proyecto está adelantado en la planificación.

Además de los gráficos burndown, usted y su equipo también pueden decidir trabajar con gráficos de "burn-up". La principal diferencia entre los dos es que en vez de registrar cuántas tareas quedan, registramos cuántas tareas o cuánto "trabajo" hemos terminado. Al hacerlo, la curva sube en lugar de bajar. Un gráfico "burn-up" es útil cuando el alcance disminuye o cuando el equipo termina algún trabajo y poco después descubre que hay más trabajo por hacer para un nuevo cliente, por ejemplo. Un gráfico burn-up hace que estos eventos sean más evidentes porque el progreso se sigue de forma independiente basándose en cómo cambia el alcance del trabajo o cómo cambia la suma de las tareas estimadas— o el "trabajo"—a realizar. En un gráfico burndown, no hay espacio para cambiar el eje x. Con un gráfico burn-up, esto es posible, porque la "línea deseada" de las tareas ideales que quedan es una línea horizontal que puede cambiar de sitio. Siga estos pasos para hacer un gráfico burn-up:

1. Trace los puntos de la historia o "trabajo" en el eje Y.
2. Trace el tiempo en el eje x e incluya la duración total de su sprint o proyecto.
3. Durante su proyecto, se traza la cantidad total de puntos de historia o "trabajo" en el gráfico de t = 0 a intervalos fijos.
4. En los mismos intervalos, se mide la cantidad de "trabajo" que se ha hecho, y también se traza en el gráfico.
5. Esto resulta en dos líneas: la línea relativamente horizontal de "cantidad total de trabajo" y la línea ascendente de "trabajo terminado". Un gráfico burn-up muestra claramente el "trabajo" completado en relación con la cantidad total de "trabajo" en su proyecto. El proyecto está completo cuando las líneas se cruzan.

Así es como se hace un gráfico burn-up. Usted puede usar cualquier método que desee para hacerlo, como dibujarlo en una pizarra o crear uno en Excel. Ahora que tenemos un gráfico burn-up, debemos usarlo y leerlo correctamente. El equipo de desarrollo debe comparar la cantidad de trabajo que se realiza con la cantidad total de trabajo del proyecto cada día laborable. La distancia entre las dos líneas es, por lo tanto, la cantidad de trabajo que queda. Como se ha mencionado, el proyecto se completa cuando las dos líneas se encuentran, es decir, se cruzan. La "línea ideal" indica con precisión el número medio de puntos, es decir, las tareas que deben entregarse cada día para alcanzar el proyecto o la meta del sprint en el tiempo estipulado. Cuando lea el gráfico, utilice la "línea ideal" de la siguiente manera:

- La distancia entre la línea de "trabajo terminado" (abajo o arriba) y la línea ideal indica cuánto se adelanta o se atrasa el proyecto en el calendario.
- Cuando la línea de "trabajo terminado" está por debajo de la línea ideal, el Proyecto está atrasado.
- Cuando la línea de "trabajo terminado" está por encima de la línea ideal, el Proyecto está adelantado.

Además, la línea que indica la cantidad total de trabajo se hace evidente cuando el trabajo se ha añadido o eliminado del sprint. Si se agrega "trabajo" al proyecto o al sprint, la distancia entre las dos líneas se hace mayor. Por lo tanto, la influencia en la fecha de finalización prevista es clara. Para que esto quede claro, se dibuja una línea de tendencia que se basa en la cantidad media de puntos que se entregan por el equipo. La nueva fecha de finalización de su proyecto es donde esta línea de tendencia cruza la línea de trabajo total (incrementada).

Principalmente si el equipo de desarrollo incluye miembros que son nuevos en Scrum, esto es importante. Además de experimentar con ambos métodos para ver qué encaja bien con el equipo, algunos proyectos exigen un enfoque particular. Hay proyectos que giran más en torno a una de estas dos preguntas:

1. ¿Quiere supervisar el progreso de su sprint en detalle y compartirlo con los clientes y las partes interesadas regularmente?
2. ¿Quiere hacer visible el progreso de la manera más simple para el equipo y los directamente involucrados?

Un gráfico burn-up muestra el trabajo terminado y el tamaño total del proyecto en una sola visión general. En contraste con el gráfico burndown que solo muestra el trabajo restante con una línea. Debido a que el tamaño total del proyecto con el gráfico burn-up es claro, se obtienen respuestas a preguntas como: ¿se ha agregado demasiado "trabajo" nuevo?

Esta información es útil para identificar y resolver problemas dentro del sprint, por ejemplo, un cliente que cambia constantemente el alcance, poniendo en riesgo el resultado final. Utilice la tabla burn-up por razones tales como:

- **Quiere mostrar actualizaciones regulares de cómo está progresando el sprint.** Si usted presenta regularmente el progreso del Proyecto a la misma audiencia, por ejemplo, en reuniones semanales de progreso para los clientes, utilice el gráfico burn-up. Esto hace que sea fácil ver el progreso, incluyendo el trabajo adicional y las consecuencias que conlleva.
- **Si el alcance tiene un carácter "dinámico".** Cuando se añade repentinamente "trabajo" al sprint, un gráfico burn-up es más valioso. En algunos proyectos, el cliente puede ser muy exigente y pedir una funcionalidad adicional. Además, algunas tareas pueden ser eliminadas si ya no son necesarias. Por lo general, esto último es causado por problemas inesperados con los costos, el presupuesto y el tiempo. En un proyecto en el que los clientes añaden o quitan mucho trabajo durante el proyecto, un gráfico burndown no sería una representación completa del progreso.
- **Cuando el alcance se expande.** Cuando el alcance del Proyecto se expande gradualmente, a veces mucho más allá del marco original, es más útil un gráfico burn-up. Con un gráfico burndown, parecería que el equipo ha hecho pocos progresos, lo que no es necesariamente el caso, es decir, el alcance podría haberse ampliado. Por lo tanto, un burn-up hace que el panorama sea mucho más claro para el cliente. Esto hace que el problema sea discutible y permite un ajuste rápido cuando sea necesario.

¿Por qué debería usar un gráfico burndown en su lugar? Hay algunas razones:

- **Muy fácil de implementar.** Los gráficos burndown son fáciles de hacer y seguir. Tienen una línea obvia para mostrar cuando el proyecto o el sprint está terminado. Empezar con un gráfico burndown es particularmente aconsejable para equipos de desarrollo nuevos. ¿Por qué? Porque cada miembro del equipo entenderá el gráfico con poca o ninguna explicación. Por lo tanto, hacer un gráfico burndown para las presentaciones es deseable para los clientes o accionistas que no tengan formación técnica. Sin embargo, no olvide que el gráfico burndown deja por fuera información crucial. No cuenta toda la historia del sprint. Por lo tanto, para sprints más complejos, con cambios de alcance, esto no es muy útil.

- **El alcance tiene un carácter "estático"**. Los gráficos burndown suelen emplearse en proyectos en los que la planificación no cambia en lo absoluto. Los proyectos o sprints con un alcance fijo no necesitan la información adicional de un gráfico burn-up. Esto haría el proyecto innecesariamente más complejo. Tal vez no sería más complejo, pero no sería útil en lo absoluto. Cuando las cosas son simples, manténgalas simples. Cualquier variable innecesaria que añada a su gráfico hace que el Proyecto sea exponencialmente más difícil.

- **Ayuda a mantener el ritmo.** El gráfico burndown puede mantener el impulse del equipo y puede motivarlos a seguir hasta el final del sprint. Cuando la gente empieza con Scrum, estas victorias rápidas crean confianza. Y la confianza es la cualidad que el equipo de desarrollo necesita para entregar incrementos de calidad en los productos. Cuando los miembros del equipo tienen más confianza, crean, proveen y traen más valor al cliente.

# Capítulo 9: Cómo Destacar y Errores Comunes

Hay varias maneras de sobresalir como Scrum Master o Propietario del Producto. Ya se han abordado múltiples maneras, como ser transparente con los miembros de su equipo y estar abierto a sus opiniones y retroalimentación. En Scrum, siempre se esfuerza por hacer felices a los usuarios o clientes. Preferiblemente con algo tangible. Por lo tanto, cuando usted es nuevo en Scrum, no asuma un trabajo de desarrollo grande y complejo desde el principio. Para sobresalir, tome un proyecto de negocios en el que los usuarios no se preocupen por todas las complejidades del producto. Por ejemplo, si está creando una herramienta de marketing para el Departamento de Marketing, estarán menos interesados en la forma en que el código de programación se une y en lo bien que está documentado. Solo quieren una herramienta de trabajo, eso es todo. Además, empezar con un proyecto pequeño le dará más confianza. Asegure el éxito primero y escale después. Comience con un producto, un Propietario del Producto, un Scrum Master y un equipo de cinco o seis personas. No piense que puedes convertir toda la compañía en un día.

Entonces, un proyecto corto es bueno para empezar, pero por corto, no quiero decir muy corto. Un proyecto muy corto probablemente le dará muy poco tiempo para ver cómo funciona Scrum apropiadamente. Entonces el éxito del proyecto dependerá más de algunas "hazañas" de algunos miembros del equipo. Además, los proyectos pequeños no son suficientemente representativos. Si el proyecto es un éxito, entonces aún oirá: "Obtendríamos los mismos resultados con el método antiguo". Yo diría que un proyecto de unos dos o tres meses está bien para empezar a usar Scrum.

Un error común que notamos es que los nuevos equipos de Scrum toman proyectos que no son "reales". En otras palabras, un proyecto en el que no importa si las cosas van mal. Eso es más o menos lo peor que usted puede hacer. Un proyecto sin importancia no recibe atención, y por lo tanto no se concentra, no se involucra a los interesados y no hay reuniones que valgan la pena. Con un proyecto importante, es mucho más fácil motivar a la gente. Y no hay que tener miedo de que las cosas vayan mal: como miembro del equipo, ya posee habilidades y usted es capaz de lograr objetivos, sin importar el método que utilice. Siempre agregue elementos Scrum que lo hagan mejor, nunca se equivoque al pensar que Scrum es un objetivo en sí mismo. No lo es. En lugar de eso, piense en ello como una forma de trabajar más inteligentemente, no más duro. El lado de los negocios de su organización es sensible a esto.

Otro error que cometen muchos Scrum Masters y Propietarios del Producto es que no consiguen el apoyo de todas las capas de la organización. Si todos son nuevos en la escena del Scrum, es posible contratar a un Scrum Master experimentado para comenzar y asegurarse de que todos apoyen la iniciativa del Scrum. Es un experimento que vale la pena intentar. Asegúrese de que el Propietario del Producto y los miembros del equipo tengan una buena razón para que sea un éxito personal.

Además, no sea el que tiene miedo de fracasar. Nunca podrá destacar si usted es alérgico a los fracasos. En cambio, acepte el hecho de que fracasar es parte del proceso para obtener la maestría que desea. Luego tómese el tiempo para mejorar en el Scrum y respete las reglas del juego. Especialmente en una primera experiencia de Scrum, hay una tendencia a exagerar. Piense que cada equipo pasa por fases para volverse magnífico. Esto se relaciona con la comunicación y la transparencia. Asegúrese de hacer visibles todos los problemas. El Scrum en sí no va a resolver sus problemas, pero los hace accesibles y los pone "justo en su cara". Al obtener esta visibilidad, tendrá la mejor oportunidad de movilizar a la gente para resolver los impedimentos.

No cometa el error de pensar que el cambio ocurre de la noche a la mañana. Siempre demuestro algo de carácter y una fuerte personalidad cuando sea necesario. Es mejor pedir perdón después que pedir permiso por adelantado. ¿No hay un espacio para discutir con las partes interesadas? Bueno, ¿puede salir y discutirlo allí? ¿No hay usuarios o clientes que estén viendo la demostración? Encuéntrelos e invítelos a tomar un café, y muestre lo que se ha logrado. Cuando logren algo significativo durante la implementación de Scrum, ¡celébrenlo! Haga presentaciones, organice una cena o dé un pequeño regalo a los miembros del equipo y a las partes interesadas. Esto los animará y los ayudará en su crecimiento.

Finalmente, otro error común es olvidar completamente el uso de la tecnología para facilitar el proceso de Scrum. Hoy en día, existe un gran número de herramientas de Scrum que pueden prepararlo para el éxito. ¿Por qué no hacer uso de ellas para mantener los procesos más racionalizados? En el próximo capítulo, se abordarán diversas herramientas que pueden acelerar el resultado deseado de su proyecto.

# Capítulo 10: Herramientas de Scrum para la Gestión del Flujo de Trabajo

En los últimos años, una enorme cantidad de herramientas de software han encontrado un lugar en el mercado de la tecnología emergente para facilitar el proceso de Scrum. Para un equipo que no está "co-ubicado" y/o no trabaja a tiempo completo con Scrum, los beneficios de una solución digital son muy claros. Las integraciones prácticas con otras plataformas digitales también añaden una funcionalidad y un valor añadido. Una pizarra de proyecto físico sigue funcionando mejor en términos de interacción, por ejemplo, durante las reuniones de trabajo. Y cuando se crea transparencia e información sobre el estado del proyecto, una pizarra llena de notas adhesivas de colores es difícil de superar.

Desde un punto de vista funcional, la gama de herramientas digitales Scrum puede subdividirse en: herramientas de colaboración y documentación, como los portales, en los que se puede almacenar y compartir el "conocimiento"; gestores de flujos de trabajo, que son útiles para gestionar los flujos de trabajo mediante el uso de tableros de proyectos digitales; y herramientas de mensajería, para permitir y agilizar la comunicación entre equipos. También es posible encontrar herramientas que son una combinación de estas categorías.

Algunas empresas de software se especializan en un aspecto, y otras combinan la funcionalidad. La ventaja de una solución integrada es que todo se relaciona "a la perfección"; una desventaja de una solución integrada es que a veces contiene un componente que no funciona bien en el esquema de las cosas. En este último caso, una combinación de herramientas digitales específicas de Scrum podría haber sido una mejor solución. Los principales proveedores de soluciones integradas compiten entre sí por la funcionalidad y el precio. La mayoría de los niveles y modelos de precio no están muy alejados. Las opciones digitales a menudo comienzan con una versión gratuita con una funcionalidad reducida y un número limitado de usuarios. El primer "Tier" (nivel de precio) posterior rondará los 10 dólares por usuario a partir de quince usuarios. Desde el punto de vista funcional, la gama de Scrum digital y de herramientas ágiles es tan amplia que es difícil para el "Agilista" principiante hacer una elección, y mucho menos la elección correcta. Es por eso que aquí hemos dado una visión general. Esto no es, por supuesto, una visión general exhaustiva; el rango de literalmente cientos de aplicaciones es demasiado amplio para eso.

Empezamos con algunas herramientas básicas que son completamente gratuitas: Trello y Slack. Si la facilidad de uso y los informes de progreso juegan un papel esencial desde el principio, Asana es una buena opción para organizaciones y equipos más pequeños. Una solución más robusta es aconsejable para organizaciones más grandes que quieran implementar los Ágiles ampliamente. La combinación de Atlassian de Jira Core, Confluence y Stride, ofrece una solución en este caso. Tenga en cuenta el hecho de que el cambio de su aplicación actual a una nueva aplicación puede ser una gran complicación. Por lo tanto, siempre tome una decisión muy pensada y comunique las cosas con el equipo de Scrum. Aquí están las opciones para que usted pueda empezar:

**Opción 1: Usar las herramientas libres y simples como Trello y Slack para equipos pequeños.** Trello es un administrador de flujo de trabajo basado en el tablero Kanban y tiene una versión gratuita con tableros ilimitados, listas, mapas, miembros, listas de control y archivos adjuntos. Trello es muy fácil de usar y tiene una curva de aprendizaje relativamente sencilla. El material de instrucción está bien elaborado y proporciona rápidamente el conocimiento suficiente para poder utilizar la plataforma. La versión gratuita es muy recomendada para iniciar equipos de Scrum. Slack es una herramienta de mensajería y tiene una versión gratuita con una duración ilimitada, pero con un almacenamiento limitado de 5GB y 10.000 mensajes. Sin embargo, es más que suficiente para los equipos pequeños que quieran probarlo. El Plan Estándar de Slack cuesta alrededor de 7,25 dólares por usuario al mes.

**Opción 2: La herramienta Scrum Asana es genial para equipos más grandes, y cuando una organización quiere llevar a cabo varios proyectos simultáneamente.** Asana es una herramienta Scrum muy utilizada que combina un flujo de trabajo y un gestor de proyectos con una excelente funcionalidad de mensajería y colaboración en equipo. Asana tiene buenas funciones de reporte que permiten conocer el progreso de los distintos proyectos con un solo clic del ratón. Hay un plan gratuito para hasta quince usuarios y un plan premium por alrededor de 9,99 dólares por usuario al mes.

**Opción 3: Escalar proyectos más grandes y complejos con el software de calidad empresarial de Atlassian.** Esto viene con una combinación de los siguientes productos de Atlassian: Stride (una herramienta de mensajería muy completa); Confluence (un portal de documentación y colaboración); y Jira Core (una aplicación de gestión de proyectos y flujo de trabajo).

El equipo también podría usar cosas como la G Suite de Google. Usar G Suite de Google puede ayudar a crear artefactos Scrum y mantener solo una versión de ellos. De esta manera, estos documentos pueden ser actualizados en tiempo real, y los miembros del equipo pueden ser invitados a tener permisos exclusivos de lectura. Esto es importante porque el Product Backlog y otros artefactos son muy dinámicos. Durante un proyecto, las cosas pueden cambiar. Por lo tanto, los requisitos o los ítems del Product Backlog pueden cambiar también, y podría ser útil para el equipo tener acceso digital a esta información.

# Conclusión

Debido a los avances tecnológicos, se ha generado un cambio en la forma en que debemos tratar los proyectos. Se necesitan nuevos métodos para abordar proyectos dinámicos que cambian constantemente de alcance. En este libro, *Scrum: Lo que Necesita Saber Acerca de Esta Metodología Ágil para La Gestión De Proyectos* profundizamos en el mundo de las metodologías ágiles y específicamente en una de las más destacadas de la categoría: Scrum. No cabe duda de que el uso de Scrum puede impulsar el éxito de su proyecto a nuevas alturas. Este libro ha demostrado que es posible hacer más con menos.

En el capítulo uno, analizamos las metodologías de gestión de proyectos del pasado y del presente. Aprendimos que los métodos tradicionales, como el método en cascada, están lejos de ser ideales en el mundo dinámico de hoy. Este dinamismo requiere un método que permita una mejora continua, un trabajo iterativo y reajustes rápidos. Un enfoque como el de Scrum es la solución para los problemas actuales de gestión de proyectos.

Los fundamentos de Scrum se explicaron en el capítulo dos. En el capítulo tres aprendimos sobre los tres roles cruciales de Scrum: El Propietario del Producto, el Scrum Master y el Equipo de

Desarrollo. Todos ellos trabajan hacia un objetivo común, pero tienen diferentes responsabilidades. En el capítulo cuatro, analizamos más de cerca cómo se puede formar un gran equipo de Scrum que produzca los resultados deseados. Además, en los capítulos cinco, seis y siete, dimos más detalles sobre los artefactos de Scrum, las ceremonias y cómo funciona un proyecto de Scrum en la práctica. Por último, le dimos un vistazo a las métricas de Scrum, los errores comunes y algunos softwares útiles para comenzar sus proyectos de Scrum.

En Scrum se utiliza un enfoque iterativo para optimizar la previsibilidad y mantener los riesgos bajo control. Ahora usted sabe que hay tres pilares que lo diferencian de otras metodologías, estos son: transparencia, inspección y ajuste/adaptación.

Por lo tanto, ¿está usted dispuesto a adoptar estos ágiles conceptos, valores y mejores prácticas para crear y proporcionar más valor para usted, su organización y sus clientes? ¿A qué está esperando? ¡Vaya y ponga en práctica estas cosas y vea por sí mismo lo que el método Scrum puede ayudarlo a usted y a su equipo a lograr!

www.ingramcontent.com/pod-product-compliance
Lightning Source LLC
LaVergne TN
LVHW021339080526
838202LV00004B/233